Diogenes Taschenbuch 23887

de
te
be

AF217740

Denken mit Oscar Wilde

*Extravagante Gedanken
über die Magie der Schönheit
und die allmächtige Kunst,
Kritik als Schöpfung,
das dekorative Geschlecht
und die menschliche Tragikomödie
Herausgegeben und
mit einem Vorwort von
Wolfgang Kraus*

Diogenes

Der vorliegende Text erschien erstmals 1957 unter dem Titel
›Extravagante Gedanken‹ im Georg Prachner Verlag,
Wien und Stuttgart
Er wurde von Wolfgang Kraus für die 1988 als
Diogenes Taschenbuch publizierte Ausgabe überarbeitet
Auswahl und Übersetzung von Candida Kraus
Covermotiv: Oscar Wilde, ca. 1894 (Ausschnitt)
Foto: Copyright © Archiv für Kunst und Geschichte, Berlin

Die Nutzung dieses Werks für Text und Data Mining
im Sinne von § 44b UrhG behalten wir uns explizit vor

Veröffentlicht als Diogenes Taschenbuch, 2009
Alle Rechte vorbehalten
Copyright © 1988, 2009
Diogenes Verlag AG Zürich
info@diogenes.ch · www.diogenes.ch
In Fragen zur Produktsicherheit (GPSR):
truepages UG (haftungsbeschränkt)
Westermühlstraße 29, 80469 München
info@truepages.de
ASR/19/852/4
ISBN 978 3 257 23887 7

Form ist das Geheimnis des Lebens. Gib der Trauer Ausdruck, und sie wird dir kostbar werden. Gib der Freude Ausdruck, und dein Entzücken steigert sich. Du möchtest lieben? Sprich die Litanei der Liebe, und ihre Worte werden die Sehnsucht schaffen, aus der sie der Meinung der Welt nach entspringen. Quält dich ein Kummer, der dir das Herz zerreißt? Versenke dich in die Sprache des Kummers, lerne ihre Äußerungen von Hamlet oder Königin Constanze, und du wirst verstehen, daß allein der Ausdruck Trost bedeutet und daß die Form, die der Keim der Leidenschaft, auch der Tod des Schmerzes ist.

Oscar Wilde

Vorwort

Als der junge Oscar Wilde mit seinem einzigen Werk in der Tasche, einem von der Presse vernichtend beurteilten Gedichtbändchen, den Boden Amerikas betrat, antwortete er dem Zollbeamten auf sein Ersuchen, den Koffer zu öffnen: »Ich habe nur mein Genie zu verzollen, weiter nichts.« Und zehn Jahre später, als er nach dem Mißerfolg zweier heute vergessener Theaterstücke und seines heftig verrissenen »Dorian Gray« mit Bangen der Uraufführung von »Lady Windermeres Fächer« beiwohnte, trat er nach dem Schlußbeifall, eine Zigarette in der Hand, langsam vor den Vorhang und sagte lächelnd: »Ich freue mich sehr, meine Damen und Herren, daß Ihnen mein Stück gefällt. Ich bin überzeugt, daß Sie seine Vorzüge fast ebenso hoch einschätzen, wie ich selbst es tue. Auch ich habe mich ausgezeichnet unterhalten.«

Seine Komödien für die Bühne, seine dichterischen Werke überhaupt, waren nur unbedeutende Episoden der großen Tragikomödie seines Lebens. Fast schien er nur zu schreiben, weil ihm dies als der leichteste Weg galt, seinen brennenden Wunsch nach Erfolg und Weltruhm zu erfüllen, ja, um die Bedeutung und den Glanz, die er sich selbst mit einem Feuerwerk von Geist und Witz in der Londoner Gesellschaft zu verleihen wußte, im nachhinein zu rechtfertigen. Für ihn war der Ausdruck im geschriebenen Wort die Vollendung einer Kunst zu leben, der allein er seine ganze Phantasie widmete. Seine Werke bildeten nur die kostbare, in allen Farben leuchtende Dekoration, das luxuriöse Kostüm, die funkelnden Requisiten, die er für ein, wie er meinte, seiner Persönlichkeit angemessenes Leben auf die Dauer nicht entbehren konnte. Oscar Wilde schuf sich seine Unsterblichkeit erst, als er schon für unsterblich galt. Er gab das Beispiel zu seiner Ansicht, daß der Schein das Sein hervorrufe: tatsächlich, er selbst war ein lebendiges Bonmot. Eines Tages aber, gerade als der Jubel um die neue Komödie »Bunbury« Oscar Wilde auf die höchste Höhe seiner Beliebtheit gehoben hatte, rächte sich das überlistete Schicksal. Denn Wilde hatte, wie sich nun herausstellte, nicht nur im strahlenden Licht gelebt. Immer wieder war er in Tiefen hinabgestiegen, die seine scheinbar so unerschöpfliche Spannkraft, die unendliche Fülle seines Witzes, seinen blendenden »Elan vitale« erneuern sollten, er hatte die dunkelsten Kontraste als Reizmittel verwendet, um seinem ironischen Siegerlächeln den nie versagenden, bezwingenden Charme zu geben.

Nicht sein Freund Lord Alfred Douglas stürzte ihn ins Unglück, sondern jene Figuren taten es, die von Todfeinden des erfolgreichen Dichters auf die Zeugenbank gestellt wurden. Nach zwei knapp aufeinanderfolgenden Prozessen, deren erster von einer hochfahrenden Ehrenbeleidigungsklage Oscar Wildes selbst seinen Anfang nahm, waren der Ruhm, der gute Name und die materielle Existenz des damals meistgenannten Dichters seiner Zeit vernichtet. Der Mann, der sich von der Gunst seines Sterns verlassen fühlte, aber diesen Umschwung in die Tragödie überhaupt nicht fassen konnte, der ebenso lächelnd wie einst alle von Freunden gebotenen Fluchtmöglichkeiten ausschlug, war nach zweijähriger Kerkerhaft ein anderer. Er hat kaum je erschütterndere Worte gefunden als in »De profundis« und der »Ballade vom Zuchthaus zu Reading«, doch dann war seine Kraft zu Ende. –

Nie hatte Oscar Wilde mit der Wirklichkeit etwas anderes anfangen können, als sie zu verändern. Zu ihr, so wie sie war, fand er keinerlei Beziehung, und so blieb sein Verhalten in der feindlichen Realität von erschreckender Hilflosigkeit, wie gut er sich auch auf dem Parkett der Salons, in den Direktionen der Theater, den Büros der Verleger und Zeitungen zu bewegen gewußt hatte. Im Bereich der Kunst war eben diese Erfindungskraft die Quelle seines Schaffens, und dieser glänzende Triumph der Phantasie über die Wirklichkeit, der aus allen bis auf die letzten beiden seiner Werke spricht, gab seinen Gedanken und Worten, vor allem in den Prosaschriften, einen idealistischen Schwung, wie wir ihn, man mag vorerst von dieser Ähnlichkeit verblüfft sein, bei Friedrich Schiller finden. Denn Oscar Wildes Ansichten über die Schönheit, über die Ästhetik als Mittlerin und Grundform des menschlichen Lebens wurden bei Schiller geboren, und Schiller war, dies nebenbei, auch der erste Autor jüngerer Vergangenheit, der genau wußte, wie man eigenen dichterischen Werken durch künstliche Diskussionen, Skandale, selbstgeschriebene Lobkritiken zur Wirksamkeit verhalf. Eine Technik, die freilich Alfred de Musset im Paris der Restauration noch viel raffinierter beherrschte und so, in dieser reich bewährten Art, dem aufstrebenden Londoner Genie weitergab. Wer vielgestaltig ist wie Oscar Wilde, wird nicht unzeitgemäß, es sei denn, der Spiegel der Zeit selbst erblindet und wird stumpf für jenen Geist und jene Kunst, denen die Erscheinung des Inhalts Form ist. Mag das Milieu seiner Komödien versunken sein – die Gedanken Oscar Wildes, und weniger noch in seinen Stücken als in seinen Essays, Erzählungen, in kaum bekannten Prosaschriften, sind mitunter von einer geradezu prophetischen Hellsichtigkeit. Er schockierte und entzückte seine Zeitgenossen durch Paradoxien, die oft nichts anderes waren als verfrühte Wahrheiten der Zukunft und für uns heute weitaus näher und ernster sind als für die Gesellschaft, die sie belachte.

Oscar Wilde wurde am 16. Oktober 1854, und nicht 1856, wie er später aus Eitelkeit anzugeben pflegte, als zweiter Sohn eines Augenarztes in Dublin geboren, in der gleichen Stadt, in der kaum zwei Jahre später Bernard Shaw auf die Welt kommen sollte. Während sein Vater skandalerregenden Liebesaffären nachging,

stand der heranwachsende Wilde vor allem unter dem
Einfluß seiner ehrgeizigen Mutter, die als irische Salon-
schriftstellerin eine ganze Reihe schlechter, aber lokal-
bekannter Romane und Gedichtbände veröffentlichte.
Nach seinen vorzüglichen Leistungen im Trinity Col-
lege in Dublin erhielt er ein Stipendium nach Oxford,
wo er bei Walter Pater und Ruskin ebenfalls brillierte.
1877 reiste Wilde nach Italien und Griechenland, von
wo er auch seine ersten ernstzunehmenden Verse mit-
brachte. Nach seiner Rückkehr ließen sich er und seine
inzwischen verwitwete Mutter in London nieder, da
dort Oscars älterer Bruder als Redakteur der »World«
bereits eine einflußreiche Position einnahm. Nachdem
Wilde, der damals schon durch sein extravagantes
Auftreten als aufstrebendes Genie galt, endlich das
Manuskript eines Gedichtbandes beisammen und ihn
auf eigene Kosten in Saffianleder herausgebracht hatte,
fuhr er auf gut Glück nach Amerika, um Vorträge
»über Kunst und Philosophie« zu halten. Seine amerikanischen Publicity-Erfolge halfen ihm in London
jedoch nur gesellschaftlich, da sich seine Dramen
»Vera« und »Die Herzogin von Padua« als unaufführ-
bar erwiesen. Um dem finanziellen Zusammenbruch
vorzubeugen, heiratete er. Und erst verhältnismäßig
spät, 1888, gelangen ihm die ersten Meisterwerke: seine
Märchen »Der glückliche Prinz« und »Das Granat-
apfelhaus«, die er für seine beiden Kinder erzählte. 1887
war er Chefredakteur der Modezeitschrift »The Wo-
man's World« geworden, was er überaus erfolgreich

zwei Jahre lang blieb. Als er in besonderer Geldnot war, nahm er das Angebot des amerikanischen Monatsblattes »Lippincotts Monthly Magazine« an, zu genauem Termin und in bestimmtem Umfang einen Fortsetzungsroman zu liefern. Als dieser nun 1890 in Amerika ankam, erwies er sich als zu kurz und wurde vom willigen Autor nach Maß verlängert. Er trug den Titel »Das Bildnis des Dorian Gray« und ist eines der großen Werke der damaligen Epoche.

Bald darauf schrieb er eine Reihe Essays, darunter »Die Seele des Menschen unter dem Sozialismus« und, in französischer Sprache, seine »Salome«, die zusammen mit der Musik von Richard Strauß heute nach wie vor Triumphe erlebt. Um neuerlicher Geldnot auszuweichen, nahm er von einem bekannten Schauspieler Vorschuß auf eine Komödie, und bald darauf öffnete sich der Vorhang vor »Lady Windermeres Fächer«. – Oscar Wildes Berühmtheit war nicht mehr aufzuhalten. »Eine Frau ohne Bedeutung« 1894, »Der ideale Gatte« 1895 und im gleichen Jahr »Bunbury« erwiesen sich als Goldgruben, Oscar Wilde und sein achtzehn Jahre jüngerer Freund Lord Alfred Douglas, den er 1891 kennengelernt hatte, genossen das luxuriöse Leben der Londoner Gesellschaft in vollen Zügen. Als Wilde in verblendetem Leichtsinn gegen Alfred Douglas' Vater eine Ehrenbeleidigungsklage einreichte, begann das Verhängnis. Wilde selbst mußte auf die Anklagebank, und in wenigen Stunden war der Traum des glücklichen Prinzen zu Nichts zerronnen. Zwei

Jahre Kerkerhaft mit Zwangsarbeit löschten ihn aus der Gesellschaft, die seine Atemluft war. Noch einmal nahm er die Feder und schrieb die aus tiefster Tiefe aufschreienden Anklagen »De profundis« und »Die Ballade vom Zuchthaus zu Reading«, Worte von einer Wucht qualvollen Leidens, wie man sie von ihm noch nie gehört hatte und auch nie wieder hören sollte. Als André Gide ihn kennenlernte, war er nur mehr ein Schatten seiner selbst. Er starb, während seine Bücher eingezogen, seine Theaterstücke verboten waren und nachdem er jahrelang seinen Lebensunterhalt von Freunden erbettelt hatte, unter falschem Namen in einem armseligen Pariser Hotel. Der Totenschein zeigt das Datum 30. November 1900, der Name des Toten lautet Sebastian Melmoth.

Bald aber erinnerte man sich des Verfemten wieder, seine Stücke erlebten, mehr noch als einst, auf allen Bühnen der Welt Riesenerfolge, seine Bücher ungezählte Neuauflagen, der gegen ihn geführte Prozeß wurde scharf kritisiert, und es entstand eine Sekundär-Literatur von einem Umfang, wie sie keine andere Persönlichkeit seiner Zeit aufzuweisen hat. Wer war dieser Mann wirklich? Wer verbarg sich hinter diesem phantastischen Leben? Vielleicht jener überwältigend klare, um die Zukunft des Menschen und der Gesellschaft wissende Geist, dem wir in den folgenden, aus seinem Werk vorurteilslos gesammelten Gedanken begegnen.

Wolfgang Kraus

Extravagante
Gedanken

Dandy im Spiegelbild

In mir wächst eine leidenschaftliche Liebe zu allem Geheimnisvollen. Für mich ist das die einzige Möglichkeit, dem modernen Leben den Schein des Rätselhaften und Wunderbaren zu erhalten. Die alltäglichste Begebenheit wird zauberhaft, wenn man sie vor den anderen verborgen hält. Ich sage auch nie, wohin ich fahre, wenn ich verreise. Mein ganzes Vergnügen wäre dahin, wenn ich es täte. Möglich, daß es töricht ist, aber mir bringt diese Gewohnheit ein wenig Romantik ins Leben.

Ich habe mein ganzes Genie in mein Leben getan; in mein Werk nur mein Talent.

Mir sind Menschen lieber als Prinzipien, und Menschen ohne Prinzipien das liebste auf der Welt.

Ich bin bereit, alles zu beweisen.

Wenn mich eine Persönlichkeit fesselt, wird jede Form des Ausdrucks an ihr für mich zum Genuß.

Ich kenne nur zwei Arten fesselnder Menschen: solche, die alles wissen, und solche, die gar nichts wissen.

Ich bete einfache Genüsse an. Sie sind die letzte Zuflucht komplizierter Menschen.

Jugend! Nichts gleicht der Jugend. Wie dumm, von der Unerfahrenheit der Jugend zu sprechen. Ich höre nur mehr auf Leute, die jünger sind als ich. Sie sind mir voraus. Ihnen hat das Leben das letzte Geheimnis übergeben. Und die Älteren? Ihnen widerspreche ich stets, ich tue das aus Prinzip. Wenn man sie über ihre Meinung fragt, was gestern geschah, dann tragen sie einem feierlich Urteile vor, die Mode waren, als die Leute alles glaubten und nichts wußten.

Die Meinung der Leute, die jünger sind als ich, ist das einzige, dem ich jetzt Respekt entgegenbringe.

Ich kann alles glauben, vorausgesetzt, daß es unglaublich ist.

Ich bin jetzt manchmal geradezu erschrocken, wie aufrichtig ich sein kann.

Ich sage nicht immer, was ich sagen sollte: ich sage nämlich zumeist, was ich mir wirklich denke – das ist heutzutage ein großer Fehler. Man wird dadurch so leicht mißverstanden.

Ich besaß sie einmal, die vollkommene Erkenntnis Gottes. Aber in meiner menschlichen Torheit trennte ich mich von ihr, indem ich sie mit anderen teilte. Und doch ist die Erkenntnis, die mir geblieben ist, kostbarer als Purpur und Perlen... Wäre es nicht besser für mich, in den innersten Vorhof Gottes zu treten und ihn zu loben, als in der Welt zu bleiben ohne Kenntnis Gottes?

Die Götter hatten mir alles mit auf den Weg gegeben: Genie, einen geachteten Namen, eine hohe gesellschaftliche Stellung, Glanz und Ruhm, intellektuellen Wagemut. Ich habe die Kunst zu einer Philosophie, die Philosophie zu einer Kunst gemacht. Ich habe die Menschen neu denken gelehrt und die Erscheinungen in neue Farben gehüllt. Alles, was ich sprach oder tat, ließ die Leute staunen.

Das Drama, die objektivste Form der Kunst, wandelte ich zu einem persönlichen Ausdrucksmittel, gleich dem Gedicht oder Sonett, erweiterte sein Reich und erfüllte es mit Charakteristik. Drama, Roman, Gedicht in Prosa, Versgedicht, den geistreichen oder phantastischen Dialog – was ich berührte, kleidete ich in ein neues Gewand der Schönheit... ich zeigte, daß das Falsche und Wahre nur intellektuelle Daseinsformen sind.

Die Kunst als die höchste Wirklichkeit, das Leben als Zweig der Dichtung – das zu zeigen, war mein Amt. Ich erweckte die Phantasie meines Jahrhunderts, damit es um mich her seine Mythen und Legenden erschuf. Alle philosophischen Systeme brachte ich auf einen Satz, das ganze Dasein auf ein Epigramm.

Doch außerdem tat ich noch viel. Ich ließ mich in die langen Perioden sinnlosen Wohlbehagens locken, ich vergnügte mich damit, Flaneur, Dandy und Modeheld zu sein. Ich zog die minderen Naturen beschränkten Geistes in meinen Kreis – ein Verschwender seines eigenen Genies, ein Vergeuder der ewigen Jugend. Und tat dies alles mit absonderlichem Wohlgefallen. Von den Höhen, die mich ermüdet hatten, stieg ich freiwillig nieder in die Tiefen, wo ich nach neuen Reizen suchte.

Da verlor ich das Steuer meiner Seele und wußte es nicht. Das Vergnügen gewann die Herrschaft über mich, und ich wurde sein Knecht. Ich endete in Schande. Jetzt bleibt mir nur eines: völlige Demut.

Ich verstehe, daß das Leben ohne ein Maß Nachsicht nicht begriffen und ohne dasselbe Maß Nachsicht nicht gelebt werden kann.

Ich war dazu bestimmt, die Lust des Lebens, die Freude und Herrlichkeit des Daseins, die Wonne über alle Schönheit in dieser wunderbaren Welt zu besingen. Aber die Menschen sind über mich hergefallen und haben mich gepeinigt, bis ich nur mehr wußte, was Kummer und Mitleid sind. Und jetzt, da ich das Leid kenne, kann ich die Freude nicht mehr besingen, und das Leid zu besingen – dazu bin ich nicht geschaffen...

In fünfzig Jahren, wenn wir von heute alle die Augen schließen, wird niemand mehr wissen, wer Curzon, Wynham oder Blunt waren, allen wird es gleichgültig sein, ob sie leben oder tot sind. Aber Millionen von Menschen werden noch meine Lustspiele kennen, lesen und hören und meine Erzählungen und sogar »Die Ballade vom Zuchthaus zu Reading«, und selbst mein unseliges Schicksal wird das Mitgefühl der ganzen Welt erwecken.

Wir alle sind Könige

Über die Portale der antiken Welt schrieb man: »Erkenne dich selbst!« Über den Pforten unserer neuen Welt sollte stehen: »Sei du selbst!«

Der Individualismus wird sich allein durch die Freude entwickeln.

Der Mensch sehnt sich zu leben, intensiv, aus dem Vollen schöpfend und empfindend. Wenn er das zuwege bringt, ohne Zwang zu dulden oder zu üben, wenn ihm jede Tätigkeit Freude weckt und Freude ist, wird er kräftiger, gesünder sein und Kultur gewinnen: er wird er selbst sein.

Vollkommen ist für mich der Mensch, der sich unter vollkommenen Verhältnissen entfalten kann – ein Mensch, der nicht verletzt, verbildet, gejagt oder ständig in Gefahr ist.

Auf seine eigene Art zu denken, ist nicht selbstsüchtig. Wer nicht auf seine Art denkt, denkt überhaupt nicht.

Schaffen begrenzt das Gesichtsfeld, betrachten erweitert es.

Nur Persönlichkeiten bewegen die Welt, niemals Prinzipien!

Ehrgeiz ist die letzte Zuflucht des Mißerfolgs.

Der Ehrgeiz ist die Wurzel aller Häßlichkeit.

Es ist so leicht, andere, und so schwer, sich selber zu bekehren.

Laßt euch daran erinnern, daß alle unsere Freude die Fähigkeit zur Freude in der ganzen Welt steigert, während unser Mitleid keineswegs die Leiden der Welt mindert.

Mitleid ist voll Egoismus und wird leicht krankhaft. Im Mitleid liegt eine gewisse Angst für die eigene Sicherheit... es ist auch ziemlich eng umgrenzt. Mit der Fülle des Lebens sollte man fühlen, nicht immer nur mit seinen Leiden und Wunden, mit der Freude, mit der Schönheit, Kraft und Gesundheit sollte man sich in Einklang bringen... Je weiter Mitgefühl reicht, um so mehr verliert es seine Aufrichtigkeit. Mit den Leiden eines Freundes mitzufühlen, das kann jeder, aber nur eine sehr ausgebildete Persönlichkeit wird am Erfolg des Freundes teilnehmen.

Selbstentwicklung ist der Sinn des Daseins. Jeder von uns hat nur eine Aufgabe zu lösen: sich selbst voll zum Ausdruck zu bringen. Aber heute hat jeder Angst vor sich selbst. Und darüber haben die Menschen ihre höchste Pflicht vergessen, die Pflicht gegen sich selbst. Sie sind hilfsbereit, sie nähren und kleiden die Hungernden und Bettler. Ihre eigenen Seelen aber sind nackt und leiden Not. Uns ist der Mut abhanden gekommen, vielleicht haben wir ihn nie besessen. Die Angst vor der Gesellschaft – Grundlage der Sittlichkeit – und die Furcht vor Gott – Geheimnis jeder Religion – das sind die Mächte, die uns beherrschen...

Und doch, wenn die Menschen ihr ureigenstes Leben bis zur Neige lebten, wenn sie jedem Gefühl Gestalt, jedem Gedanken Ausdruck, jedem Traum Dasein gäben – ich bin sicher, dann käme in die Welt eine solche Freude, eine solche Lust, daß wir, von allen Krankheiten des Mittelalters befreit, zum Ideal des Hellenismus zurückkehrten. Ja, wir kämen vielleicht zu einer Verfeinerung, zu einer Bereicherung, die man in Griechenland nicht kannte.

Aber selbst der Mutigste unter uns hat Angst – Angst vor sich selbst. Unsere Selbstverleugnung hat ihre tragische Wurzel in der Selbstverstümmelung der Wilden. Und wir büßen für unsere Entsagung. Jeder Trieb, den wir unterdrücken, keimt in unserem Inneren weiter und ist ein Gift. Der Körper sündigt und ist durch die Sünde gereinigt, denn Tat ist immer Reinigung. Nichts bleibt zurück als Erinnerung an die Lust und die Wollust der Reue.

Die einzige Möglichkeit, eine Versuchung zu überwinden, ist, sich ihr hinzugeben. Widerstehen Sie der Versuchung, erkrankt die Seele vor Sehnsucht nach der Erfüllung, die sie sich selbst versagt, vor wilder Gier nach dem, was die ungeheuerlichen Gesetze der Seele ungeheuerlich und gesetzwidrig erklärt haben.

Man meint, daß die entscheidenden Ereignisse der Welt im Gehirn ihren Schauplatz haben. Im Gehirn, und nur im Gehirn werden auch die großen Sünden der Welt begangen.

Genuß ist die Probe der Natur, ihr Zeichen der Zustimmung. Wenn wir glücklich sind, sind wir immer gut, aber wenn wir gut sind, sind wir nicht immer glücklich.

Allein die Tatsache, ein Gewissen zu pflegen, ist ein Zeichen unserer unvollkommenen Entwicklung. Es muß ganz und gar mit dem Instinkt verschmelzen, bevor wir feinfühlig werden. Selbstverleugnung ist nicht mehr als ein Verfahren, womit der Mensch seinen Fortschritt aufhält.

Erregung um ihrer selbst willen, das ist das Ziel der Kunst, das Ziel des Lebens, und nicht weniger das Ziel der Gesellschaft.

Sich selbst zu lieben, ist der Anfang einer lebenslangen Leidenschaft.

Mir kommt vor, als bewunderten wir alle die Natur zu viel und lebten zu wenig mit ihr.

Die Kunst ist Individualismus, und der Individualismus besitzt die Kraft der Zerstörung. Darin liegt seine unschätzbare Bedeutung. Denn was der Individualismus angreift, ist die Monotonie des Typischen, die Versklavung durch die Gewohnheit, das Gefängnis der Konvention, die Erniedrigung des Menschen zur Maschine.

Je länger man den Umgang mit der Literatur und dem Leben pflegt, um so deutlicher empfindet man, daß alles Wunderbare die Persönlichkeit ist.

Jedermann wird als König geboren. Und die meisten sterben im Exil – wie so viele Könige.

Um die Persönlichkeit liegt immer ein Schleier von Geheimnissen.

Nicht nach Leid, nicht nach Freude strebt der Mensch. Zu leben – das ist sein Wunsch.

Die Fähigkeit zu einem umfassenden, bewegenden Gefühl in sich zu empfinden, ohne es wirklich ausleben zu lassen, ist Selbstbeschränkung, heißt, auf Fülle verzichten.

Man kann zeigen, wie die Renaissance gerade deswegen zur Größe aufstieg, weil sie sich nicht mit sozialen Fragen abgab und Angelegenheiten dieser Art völlig fremd blieb, aber dem Individualismus die Freiheit ließ, sich offen, ungehemmt und schön zu entfalten, und dadurch bedeutende individuelle Menschen entwickelte.

Die Entwicklung der menschlichen Gesellschaft hängt von der Entwicklung des einzelnen ab. Wo man die individuelle Entwicklung aufgegeben hat, senkt sich das geistige Allgemeinniveau sofort.

Ich kann mir gut vorstellen, wie ein ironisches Lächeln das glatte Gesicht jedes Schulmeisters überzieht, wenn man ihm sagen wollte, das wahre Ziel aller Erziehung sei die Liebe zur Schönheit, das Mittel der Erziehung sei die Pflege des Temperaments, die Bildung des Geschmacks, die Entfaltung des kritischen Sinnes.

Entwicklung ist das Gesetz des Lebens, und es gibt keine Entwicklung, die nicht zum Individualismus drängt. Wo die Anzeichen dafür fehlen, wurde wohl Wachstum künstlich aufgehalten oder Krankheit und Tod waren am Werk.

Der Individualismus übt keinen Zwang aus, im Gegenteil, er mahnt die Menschen, keinen Zwang zu dulden. Es liegt ihm nicht, die Menschen zum Guten zu zwingen. Die Menschen sind gut, wenn man sie frei gewähren läßt.

Individualismus ist die Vollendung, die in jeder Lebensform verborgen liegt und zu der jede Lebensform sich entfaltet.

Kunst ist der intensivste Individualismus.

Der Mensch, wenn er Herr über sich selbst ist, kann über das Leid siegen, so leicht, wie er eine neue Lust erfinden kann.

Nachahmung ist überall ein Übel.

Jede kleinste Tat des Alltags prägt den Charakter oder zerstört ihn. Und alles, was man hinter verschlossenen Türen getan hat, muß man eines Tages laut und vernehmlich von der Höhe des Dachs in die Welt rufen.

Was die Leute von einem Menschen reden, ändert ihn nicht. Er ist, was er ist. Die öffentliche Meinung hat keinen Wert.

Man muß etwas wirklich ernst nehmen, wenn man irgendein Vergnügen am Leben genießen will.

Magie der Schönheit

Das Geheimnis des Lebens liegt in der Suche nach Schönheit.

In uns lebt ein Sinn für Schönheit, von den anderen Sinnen getrennt und über ihnen schwebend, getrennt von der Vernunft und edler als sie, getrennt von der Seele und an Wert ihr gleich.

Schönheit ist eine Art von Genie, und sie steht eigentlich höher als das Genie, denn sie verlangt nach keiner Erklärung. Sie ist eine der großen Wirklichkeiten der Welt, wie der Sonnenschein oder der Frühling oder der Abglanz der silbernen Mondscheibe in dunklen Gewässern. Man kann sie nicht leugnen. Sie hat ein heiliges, über alles erhabenes Recht.

Die Leute sagen manchmal, Schönheit sei oberflächlich. Vielleicht. Für mich ist sie das Wunder der Wunder. Nur Toren urteilen nicht nach dem Äußeren. Das wahre Geheimnis der Welt ist das Sichtbare, nicht das Unsichtbare.

In der Schönheit gibt es so viele Bedeutungen wie der Mensch Stimmungen hat.

Alles Schöne gehört nur einer Zeitperiode an.

Wer in schönen Dingen einen schönen Sinn sieht, hat Kultur, aus ihm kann noch etwas werden.

Wer in schönen Dingen einen häßlichen Sinn findet, ist lasterhaft, ohne reizvoll zu sein.

Moral ist immer die Zuflucht der Leute, die Schönheit nicht begreifen.

Die Schönheit, die wirkliche Schönheit hört auf, wo der geistvolle Ausdruck beginnt. Geist an sich ist Übermaß und zerstört die Harmonie jedes Gesichts. Im Augenblick, da man sich hinsetzt, um zu denken, wird man nur Nase oder Stirn oder sonst etwas Häßliches.

Ein Künstler sollte Schönes schaffen, sein eigenes Leben hat damit nichts zu tun. Heutzutage möchten die Leute aus jedem Kunstwerk eine Art Autobiographie machen. Das kommt, weil wir den klaren Begriff der Schönheit verloren haben.

Die Schönheit ist das Symbol aller Symbole. Sie enthüllt alles, weil sie nichts sagen will. Bietet sie uns ihr

Antlitz, so offenbart sie uns die ganze farbensprühende Welt.

Viel besser ist es, sich an einer Rosenblüte zu erfreuen, als ihre Wurzeln unter das Mikroskop zu legen.

Es ist wichtig, daß man es zustande bringt, eine geschäftliche Vereinbarung nicht einzuhalten, wenn man sich den Sinn für die Schönheit des Lebens bewahren will.

Wahrscheinlich war Plato der erste, der dem Menschen jenen Wunsch in die Seele legte, der bis heute keine Befriedigung gefunden hat, den Wunsch, den Zusammenhang zwischen Schönheit und Wahrheit zu erkennen.

Der Sinn eines schön geschaffenen Gegenstandes ist, in der Seele des Beschauers wenigstens so viel zu wecken wie in der Seele dessen, der sie schuf.

Mit Recht ist die Verehrung der Sinne oft geschmäht worden, denn ein natürliches Gefühl warnt uns mit Angst vor Empfindungen und Leidenschaften, die stärker sind als wir und die wir mit weniger hoch entwickelten Lebewesen gemeinsam haben. Doch scheint es, als wäre die wahre Natur der Sinne noch nie verstanden worden, als wären sie nur deshalb tierisch und ungezügelt geblieben, weil die Welt immer nur darum bemüht war, sie durch Bändigung verkümmern zu lassen und durch Schmerzen zu töten, statt danach zu streben, sie zu den Elementen einer neuen vergeistigten Welt zu entwickeln, in der ein edler Schönheitstrieb das gestaltende Motiv sein sollte.

Zeit und Raum, Abfolge und Ausdehnung sind nur zufällige Gedankenverbindungen. Daraus schreitet die Phantasie in ein freies Reich der idealen Existenzen.

Die Liebe zur Schönheit ist nicht gesund. Sie ist zu herrlich, als daß sie gesund wäre.

Die Schönheit zu begreifen ist das Höchste, was wir erlangen können.

Das sind die Auserwählten unter uns, denen schöne Dinge einfach Schönheit sind.

Etwas betrachten, heißt noch lange nicht, es sehen. Erst wenn man dessen Schönheit sieht, gewinnt es Wirklichkeit.

Jetzt weiß ich: hinter jeder Schönheit, so überzeugend sie selbst auch scheinen mag, ist ein Geist verborgen, der in den bunten Farben und wechselnden Formen nur seine sichtbaren Spielarten darbietet.

Allmächtige Kunst

Es mag paradox erscheinen, ist aber darum nicht weniger wahr, daß das Leben die Kunst weit mehr nachahmt als die Kunst das Leben... Ein großer Künstler erfindet einen Typus und, wie ein unternehmungslustiger Herausgeber, versucht darauf das Leben, ihn nachzubilden, ihm eine gemeinverständliche Gestalt zu geben... Die Griechen mit ihrem feinen künstlerischen Instinkt wußten das recht gut. Bei ihnen war es Sitte, in das Gemach der Braut eine Statue des Hermes oder des Apollo zu stellen, damit die Braut in ihrer Lust und ihrem Schmerz solche Kunstwerke um sich habe und Kinder gebäre von der gleichen Schönheit. Sie wußten, daß aus der Kunst nicht nur die Tiefe und Spannung der Gefühle und Gedanken, Herzensqual und Seelenruhe auf uns kommen, sondern daß sich das Leben auch in Linie und Farbe nach ihr gestalten kann und die Würde eines Phidias wie die Anmut eines Praxiteles wiederzugeben vermag.

So haßten die Griechen den Realismus, haßten ihn aus rein gesellschaftlicher Rücksicht. Sie fühlten, daß er den Menschen häßlich macht, und sie hatten recht. Wir von heute, wir geben dem Volk die Möglichkeit, in reiner Luft zu leben, den Sonnenschein zu genießen, wir sorgen für reines Trinkwasser, bauen aber freilich noch immer häßliche Baracken in den Städten. Wir versuchen, für die Wohlfahrt des Staates zu sorgen. Aber all dies kann gesund machen, nicht schön. Dazu braucht es die Kunst, und die wahre Kunst und die wahren Schüler des großen Künstlers sind nicht im Atelier, sind überall dort, wo Menschen wie seine Kunstwerke werden... Kurz: das Leben ist der beste, der einzige Schüler der Kunst.

Handeln? Was ist Handeln? Im Augenblick der tatkräftigsten Entwicklung stirbt es auch schon. Der Dichter ist es, der die Welt baut.

Die Natur hat gute Absichten, aber kann sie nicht ausführen. Die Kunst ist unser ritterlicher Versuch, der Natur den richtigen Platz anzuweisen.

Das Leben tritt mit einem Spiegel vor die Kunst, fängt den seltsamen Typus eines Malers oder Bildhauers auf und bildet ihn nach oder verwirklicht durch Taten den Traum eines Dichters. Philosophisch ausgedrückt ist die Grundlage des Lebens oder die Energie des Lebens – wie es Aristoteles ausgedrückt hätte – einfach das Ringen nach Ausdruck. Und die Kunst ist es, die ohne Unterlaß die verschiedensten Formen schafft, durch die sich das Leben ausdrücken kann. Das Leben nimmt sie auf und verwirklicht sie, und wenn es dabei selbst zugrunde geht. Junge Männer haben sich das Leben genommen, weil Werther sich das Leben nahm, und man erinnerte sich, was wir der Nachahmung Christi, der Nachahmung Caesars zu danken haben.

Die Literatur greift dem Leben vor, sie kopiert es nicht, sondern formt es, ihrem Sinn entsprechend.

Manchmal kommt mir vor, es gäbe nur zwei wichtige Perioden in der Geschichte der Welt: die eine ist die des Auftretens eines neuen Mediums in der Kunst, und die zweite ist die des Auftretens einer neuen Persönlichkeit für die Kunst.

Mit der Zukunft haben wir es zu tun! Was der Mensch war, wäre er besser nie gewesen, was er ist, sollte er nicht sein. Was der Mensch sein wird, das macht den Künstler aus.

Die Dinge sind, weil wir sie sehen. Und was wir sehen und wie wir sehen, ist immer bestimmt von den Kunstwerken, die uns beeinflussen. Es ist ein großer Unterschied, ob man ein Ding ansieht oder sieht.

Ob nicht die Fabel von der Blindheit Homers nur ein künstlerischer Mythus ist, den man in Tagen kritischer Betrachtung schuf! Er soll uns nicht nur bedeuten, daß ein großer Dichter immer zugleich ein Seher ist, der mehr mit den Augen der Seele sieht als mit den Augen des Körpers, sondern auch, daß er ein wahrer Sänger ist, der seinen Sang aus Tönen formt und jeden Vers so oft wiederholt, bis er das Geheimnis seiner Melodie erfaßt hat und im Dunkel Worte singt, deren Flügel aus Licht gewoben sind.

Niemals bildet die Kunst ihre eigene Zeit nach. Es ist der Fehler der Historiker, von der Kunst einer Zeit auf die Zeit selbst zu schließen.

Die Kunst beginnt mit der Dekoration, mit rein erdichtender und erfindender Arbeit, sich nur mit dem beschäftigend, was wirklich ist. Das ist ihre erste Phase. Bald aber verliebt sich das Leben in dieses Wunderwesen und begehrt Einlaß in ihr zauberhaftes Reich. Die Kunst bedient sich darauf des Lebens als eines Teiles ihres Rohmaterials, schmilzt es um und gibt ihm neue Gestalt, dichtet, träumt und baut zwischen sich und der Wirklichkeit die unverletzliche Schranke des Stils, der dekorativen und idealen Behandlungsform. Die dritte Phase beginnt, wenn das Leben die Macht ergreift und die Kunst in die Wildnis treibt. Das ist Dekadenz. Sie ist es, unter der wir heute zu leiden haben.

Wenn wir unserem ungeheuren Kult für Tatsachen nicht Einhalt gebieten oder ihn wenigstens mildern, wird die Kunst dahinsiechen und die Schönheit von uns fliehen.

Verzichtet die Kunst auf das Medium der Phantasie, so begeht sie Selbstmord: mit dem Schein gibt sie ihre Existenz auf.

Man nimmt einer Erzählung die Wahrscheinlichkeit, wenn man versucht, sie möglichst lebenswahr zu gestalten.

Jede schlechte Kunst entsteht aus ihrer Rückkehr zu Leben und Natur, sie entartet, wenn sie diese beiden zu Idealen erhebt. Leben und Natur mögen als Rohstoffe der Kunst benützt werden, aber um der Kunst ihre Dienste zu erweisen, müssen sie in eine künstlerische Form gebracht werden.

Der wahre Dramatiker zeigt uns das Leben unter den Formen der Kunst, nicht die Kunst in den Formen des Lebens.

Nur durch sich selbst kann die Kunst vollkommen werden. Ihre Ähnlichkeit mit der sichtbaren Welt ist dabei völlig bedeutungslos. Sie ist eher ein Schleier als ein Siegel. Im Reich der Kunst blühen Blumen, die kein Frost vernichtet, singen Vögel, die der Wald nicht kennt. Sie erschafft Welten und vernichtet sie wieder und kann den Mond mit einem Scharlachfaden vom Himmel ziehen. Sie hat Formen, die wirklicher sind als das Leben, und sie birgt die hohen Urbilder, die in der Wirklichkeit nur unvollendete Abbilder finden.

In den Augen der Kunst hat die Natur keine Gesetze, keine Ordnung. Nach ihrem freien Willen errichtet sie Wunderwerke und ruft Schreckgestalten aus der Tiefe. Sie gebietet dem Mandelbaum, im Winter zu blühen, und heißt dem Schneesturm, über die reifen Kornfelder zu fegen. Auf ihr Geheiß legt der Frost die silberweißen Finger über die schwellende Reife des Sommers und schleichen Flügellöwen aus den gebirgigen Schluchten Lybiens. Dryaden blinzeln neugierig aus dem Dickicht, wenn die Kunst an ihnen vorbeigeht, und die braunen, trägen Faune lächeln seltsam, wenn sie ihnen naht. Adlerköpfige Götter beten sie an, und die Kentauren reiten ihr zur Seite.

Solange uns etwas nützlich oder nötig ist, solange es uns zu Lust und Unlust erregt oder unser Mitgefühl erweckt oder sich in unseren persönlichen Lebenskreis eindrängt, solange liegt es fern der eigentlichen Sphäre der Kunst.

Ihre Wunder offenbaren nur die Dinge, die uns nichts angehen.

Niemals hat der Künstler den Wunsch, zu beweisen. Selbst das Wahre kann bewiesen werden.

Immer noch wird im Namen der Jugenderziehung gelogen, die ganze häusliche Beeinflussung stützt sich darauf. Aber die einzige, über jeden Vorwurf erhabene

Lüge ist die Lüge um ihrer selbst willen, und ihre höchste Entwicklungsstufe ist die Kunst.

Lügen, das Erzählen schöner, unwahrer Dinge ist das eigentliche Ziel der Kunst.

Das Leben überholt den Realismus, die Romantik eilt dem Leben voraus.

Die Romantik stirbt nicht, sie gleicht dem Mond und lebt ewig.

Das Wesen der Romantik ist die Ungewißheit.

Die Kunst stellt nichts dar außer sich selbst.

Alle Kunst ist unnütz.

Jede Kunst ist zugleich Oberfläche und Symbol. Wer unter die Oberfläche gräbt, tut es auf eigene Gefahr. Und wer das Symbol heraussucht, tut es auf eigene Gefahr.

Kunst ist Leidenschaft. In ihrem Bereich färbt die Empfindung den Gedanken, der sich fester Bestimmung entzieht. Hier herrschen die zarten Stimmungen kostbarer Augenblicke und nicht die Strenge wissenschaftlicher Formeln oder der Zwang theologischer Dogmatik. Die Kunst spricht von Seele zu Seele.

Tatsächlich, die Kunst ist eine Art von Übertreibung, und die Seele der Kunst, die Auslese, nichts anderes als hochgespannte Emphase.

Nur der Ausdruck verleiht den Dingen Wirklichkeit.

Etwas, worüber man nicht redet, ist gar nicht geschehen. Nur das Wort gibt den Dingen Realität.

Wie schrecklich die Worte sind! Wie klar, wie überzeugend, wie grausam! Man kann ihnen nicht entfliehen. Und doch, welche Zaubermacht bergen sie! Sie scheinen mit ihrer Kraft der Formlosigkeit Gestalt zu geben, und in ihnen schwingt eine eigene Musik, so bestrikkend wie die der Geige und der Flöte. Nur Worte! Gibt es etwas Wirklicheres als Worte?

Wenn der Mensch handelt, ist er eine Puppe. Wenn er schildert, ist er ein Schöpfer. Das ist das ganze Geheimnis.

Durch die Kunst und nur durch die Kunst werden wir vollkommen. Die Kunst und nur die Kunst kann uns gegen die schmutzigen Gefahren des Lebens schützen.

Kein großer Künstler sieht die Dinge so, wie sie wirklich sind. Würde er das tun, er würde aufhören, Künstler zu sein.

Der Wert eines Gedankens hat gar nichts mit der Aufrichtigkeit dessen zu tun, der ihn ausspricht. Ja, meist wird der Gedanke um so intellektueller gefärbt sein, je aufrichtiger der Mensch ist, denn um so weniger wird er aus seinen Wünschen, Nöten oder Vorurteilen entstanden sein.

Wer seiner Zeit möglichst ferne steht, spiegelt diese am besten wider.

Der wahre Künstler kann sich nur unter den von ihm selbst gewählten Bedingungen eine Vorstellung von gestaltetem Leben und geformter Schönheit machen. Denn die Schöpfung verwendet alle kritische Begabung ausschließlich auf dem eigenen Gebiet, niemals auf fremden. Das ist richtig, weil der Mensch nichts tun kann, was er wirklich zu beurteilen imstande wäre.

Alle Künstler, die persönlich reizend sind, sind elende Künstler. Wirklich gute Künstler leben ausschließlich in ihren Werken und sind in ihrem Wesen völlig uninteressant. Der bedeutende Dichter ist das unpoetischeste Geschöpf auf der Welt, der unbedeutende ist faszinierend. Und je schlechter ihre Verse sind, desto auffälliger sehen sie aus. Allein die Tatsache, daß dieser Mensch einen Band mäßiger Sonette veröffentlicht hat, macht ihn unwiderstehlich. Er lebt die Gedichte, die er nicht schreiben kann, die anderen schreiben die Gedichte, die sie nicht zu leben den Mut haben.

Einen Dichter krankhaft zu nennen, weil er die Krankheit schildert, ist Unsinn. Er drückt nur alles aus. Ihn
dekadent zu bezeichnen, weil er sich die Dekadenz
zum Thema nimmt, ist ebenso lächerlich, wie Shakespeare einen Wahnsinnigen zu heißen, weil er den
König Lear geschrieben hat.

Die Arbeit der Phantasie ist bewußt und wird gelenkt.
Kein wahrer Dichter singt, weil er singen muß. Der
wahre Dichter singt, weil er singen will.

Eines Künstlers Herz ist sein Kopf.

Ich habe das Gefühl, es ist ein Fehler, wenn man meint,
die Leidenschaft während des Schaffens zeige sich im
Werk, das man vollbringt. Die Kunst ist viel abstrakter
als wir denken. Form und Farbe erzählen von Form
und Farbe – weiter wollen sie nichts.

Die Gesetze der Kunst sind genau bestimmt. Doch um
zu ihrer Verwirklichung zu gelangen, wandelt sie der
Künstler durch seine Phantasie in solche Schönheit,
daß sie für uns zu Ausnahmen werden. Technik ist
Persönlichkeit. Darum kann sie der Künstler nicht
lehren und der Schüler nicht lernen.

Betrachtet ein Mensch das Leben vom künstlerischen
Standpunkt aus, so hat er das Gehirn im Herzen.

Gedanken und Sprache sind für den Künstler Werkzeuge. Laster wie Tugend sind für den Künstler Stoff.

In der Kunst verdient alles, was getan zu werden verdient, gut getan zu werden.

Kleinigkeiten machen immer die größte Mühe.

Die Dichter wissen recht gut, daß Leidenschaft für den Absatz ihrer Bücher vorteilhaft ist. Ein gebrochenes Herz – und eine ganze Serie von Auflagen ist ihnen sicher.

Nichts ist so gefährlich, wie modern zu sein. Es kann sein, daß man dann plötzlich sehr altmodisch ist.

In dem Augenblick, da sich der Künstler nach den Bedürfnissen und Wünschen der anderen richtet und sie zu befriedigen sucht, wird er zum langweiligen oder amüsanten Handwerker, zum ehrlichen oder unehrlichen Händler. Seinen Anspruch als Künstler aber hat er aufgegeben.

Das Kunstwerk muß den Betrachter überwältigen, nicht der Betrachter das Kunstwerk... Der Betrachter muß empfänglich bleiben. Er sei das Instrument, auf dem der Meister spielt. Und je williger er seine eigenen unbedeutenden Ansichten, seine anmaßenden Vorurteile, was Kunst sein und was sie nicht sein sollte, vergessen kann, desto mehr wird er das Kunstwerk verstehen, desto inniger wird er seine Schönheit empfinden und würdigen.

Nichts hat soviel Erfolg wie das Übermaß.

Mäßigung ist tödlich. Nur Überschwang führt zu Erfolg.

Leichtfertig meint man, die Tragödie des Künstlers sei, sein Ideal nie verwirklichen zu können. Doch die wahre Tragödie, die den Künstler wie mit Bleigewichten belastet, ist die, daß er sein Ideal nur allzusehr verwirklicht. Ist das Ideal einmal verwirklicht, hat es sein Geheimnis verloren, den Duft der Sehnsucht eingebüßt.

Es gibt zwei Arten von Künstlern: die einen bringen die Antworten, die anderen die Fragen. Man muß wissen, ob man von denen ist, die antworten, oder von denen, die fragen. Denn der, der fragt, ist niemals der, der antwortet. Es gibt Werke, die warten und lange unverstanden bleiben, weil sie die Antwort auf Fragen bringen, die noch nicht gestellt wurden. Die Frage kommt lange nach der Antwort.

Jedes Porträt, das mit Gefühl gemalt ist, ist ein Bild des Künstlers, nicht des Modells. Der Gemalte ist nur der

Anlaß, die Gelegenheit. Nicht er wird vom Maler geoffenbart, der Maler enthüllt sich auf der Leinwand.

Ein Kunstwerk ist das bestimmte Ergebnis eines bestimmten Temperaments. Seine Schönheit offenbart sich, weil der Schöpfer ist, was er ist. Mit Bedürfnissen anderer hat er nichts zu schaffen.

Ein Kunstwerk ist gesund, wenn die Stoffwahl einzig durch das Temperament des Künstlers bestimmt wird und unmittelbar daraus wächst. Stilistisch gesund nenne ich ein Kunstwerk, dessen Form die Schönheit des verwendeten Materials durchscheinen läßt – ob dieses Material nun das Wort, Bronce, Elfenbein oder Farbe ist – und diese Schönheit als Mittel rein ästhetischer Wirkung benützt. Kurz gesagt: ein gesundes Kunstwerk vereinigt Vollkommenheit und Persönlichkeit.

Ein ungesundes Kunstwerk kennt man an seinem gewöhnlichen, oft gemeinen oder nachgeahmten Stil, dessen Gegenstand nicht die Freude des Künstlers gewählt hat, sondern die Absicht, sich vom Publikum bezahlen zu lassen.

Die Mehrzahl der wirklichen Persönlichkeiten mußten Rebellen sein, ihre Begabung ist zur Hälfte in Kämpfen mit der Umwelt aufgegangen. Und solche Kämpfe steigern keineswegs die Kräfte, im Gegenteil, sie steigern die Schwächen.

Es ist nur natürlich, daß das Publikum den Künstler schmäht, führt er doch ein individuelles Leben.

Die Gesellschaft ist bereit, dem Verbrecher zu verzeihen, dem Träumer nicht.

Zwei Möglichkeiten gibt es, die Kunst zu mißbilligen. Die eine besteht darin, sie einfach zu verachten, die andere besteht darin, sie innerhalb der Grenzen der Vernunft zu billigen.

Wie wohl fühlt sich das Publikum, wenn Mittelmäßigkeit zu ihm spricht! Es ist merkwürdig duldsam, es verzeiht alles, nur nicht Genie.

Wenn die Kritiker untereinander uneins sind über ein Kunstwerk, beweist das nur, daß der Künstler mit sich eins war, als er es schuf.

Meinungsverschiedenheiten über ein Kunstwerk beweisen, daß es neuartig, vielfältig, lebendig ist.

Die Schönheit macht den Dichter zum Schaffenden und erzählt ihm von tausend Dingen, an die der Künstler nicht dachte, als er die Statue meißelte, das Bild malte, die Gemme schnitt.

Der wahre Künstler kann sich das Leben, die Welt, die Schönheit nur auf seine eigene Art dargestellt denken.

Ein Träumer ist, wer seinen Weg nur im Mondschein finden kann, und seine Strafe ist, daß er die Dämmerung früher als die anderen kommen sieht.

Das schlechteste Werk wird immer mit den besten Absichten geschaffen.

Die einzige Entschuldigung, daß einer etwas Unnützes schafft, ist die, daß er sein Werk inbrünstig bewundert.

Diese Versunkenheit in die Fülle der Bilder, die zum Künstler macht, die Tiefe der Stimmung begrenzt die Fähigkeit für das scharfe Urteil. Die Macht des Schaffens jagt ihn seinem Ziel entgegen, und die Räder seines Wagens wirbeln rings um ihn den Staub wie Nebel auf. Götter bleiben einander verborgen. Sie können ihre Anbeter erkennen – das ist alles.

Der Künstler ist der Schöpfer schöner Dinge.

Künstler haben keine ethischen Neigungen. Am Künstler sind ethische Interessen unverzeihliche Maniertheit.

Kein Künstler will etwas beweisen.

Die Kunst ist außer Reichweite der Moral, denn ihre Augen sind auf bunte, unsterbliche, ewig wechselnde Bilder geheftet.

Das sittliche Dasein des Menschen ist dem Künstler Stoff wie vieles andere auch. Doch die Sittlichkeit der Kunst ist die vollkommene Anwendung unvollendeter Mittel.

Jede Kunst ist unmoralisch, außer den niedrigen Formen sinnlicher und belehrender Kunst, die zum Handeln im Guten oder Bösen veranlaßten. Denn das Handeln gehört in das Gebiet der Moral.

So etwas wie ein sittliches oder unsittliches Buch gibt es nicht. Bücher sind entweder gut oder schlecht geschrieben. Weiter nichts.

Die Werke der Kunst sind verschieden, aber das Wesen der artistischen Wirkung ist eine Einheit.

Die Wissenschaft ist außer Reichweite der Moral, denn ihre Augen sind auf ewige Wahrheiten gerichtet.

Von der Form her gesehen, ist die Musik die höchste aller Künste. Was das Gefühl angeht, ist die Kunst des Schauspielers die höchste.

Welch ein Segen, daß es noch eine Kunst gibt, die nicht nachahmt – die Musik.

Die Kunst, die Kunst allein kann das Wissen von alten Dingen schön machen. Und die Kunst des Theaters kann es auf die unmittelbarste und lebendigste Weise. In einer ausgezeichneten Vorstellung kann sich auf der Bühne die Illusion des wirklichen Lebens mit den Wundern der unwirklichen Welt verbinden.

Man macht den Schauspielern so oft den Vorwurf, sie zeigten uns ihren eigenen Hamlet, nicht den Shakespeares. Das ist töricht. Tatsächlich gibt es so etwas wie Shakespeares Hamlet gar nicht. Ist der Hamlet ein abgeschlossenes Kunstwerk, birgt er doch auch alle Dunkelheiten des Lebens. Es gibt so viele Hamlets, als es Melancholiker gibt.

In der Kunst gibt es keine »Spezialisten«. Eine wirklich künstlerische Aufführung müßte der Ausdruck eines einzigen Mannes sein, und zwar eines Mannes, der alles zu planen, zu entwerfen und durchzuführen imstande ist, aber auch die Kontrolle hätte, wie jedes Gewand zu tragen ist.

Den Maler bindet die Begrenzung, daß er die Geheimnisse der Seele nur in der Maske des Körpers zeigen kann... Nur durch den Körper vermag er psychologischen Ausdruck zu gewinnen... Dem Dichter öffnet sich die Welt in ihrer grenzenlosen Fülle, nicht nur die sichtbare Schönheit, auch die erlauschte, nicht nur die vorübergleitende Anmut der Form und der verbleichende Glanz der Farbe – das weite Reich der Empfindung, der Kosmos des Denkens.

Unsere Kritiker sind sich scheinbar nicht klar darüber, daß der Ursprung der Malerei und der Dichtung derselbe ist und daß die Erkenntnis auf dem Gebiet der einen auch die Ergründung der anderen weiterführt.

Das Geheimnis des Lebens gehört denen und denen allein, die die Folgen der Zeiten erfahren, die nicht nur die Gegenwart haben, sondern auch die Zukunft, und die steigen oder fallen durch die Vergangenheit von Ruhm und Schande. Die Bewegung, das Problem der sichtbaren Künste, wird nur in der Dichtung Wirklichkeit. Die Dichtung zeigt uns den Körper in seiner Bewegung und die Seele in ihrer Unruhe.

Jede Kunstform, der wir begegnen, beherrscht uns für den Augenblick so zwingend, daß sie jede andere ausschließt.

Wenn wir sein Geheimnis ergründen wollen, müssen wir uns dem Werk – was es auch sei – ganz ausliefern.

In Wahrheit ist der Betrachter des Kunstwerks der Spiegel, nicht das Leben.

Die Kunst dürfte nie populär werden. Vielmehr sollte das Publikum versuchen, künstlerisch zu werden.

Die Kunst wendet sich zuerst nicht an das Gefühl, nicht an den Intellekt, sondern nur an das künstlerische Temperament, das durch die häufige Begegnung mit den besten Werken unbewußt erzogen und geleitet wird, bis es einmal zu einem richtigen Urteil kommt.

Daß man bisher zuviel auf die Kleidung geachtet hat, läßt sich nur damit gutmachen, daß man jetzt mehr Wert auf die Kultur richtet.

Die Frage ist: warum wird das Publikum nicht kultivierter? Die Bereitschaft ist vorhanden. Was hindert die Menschen? – Was tatsächlich im Wege steht, ist ihr Wunsch, über die Künstler und deren Werke autoritäre Gewalt zu besitzen.

Je länger ich sie betrachte, desto klarer wird mir, daß die Schönheit der Kunst im Eindruck liegt, den sie weckt, und wie leicht sie durch gedankliche Tendenzen des Künstlers zu verletzen ist, leider oft ganz zerstört wird. Denn ist das Werk beendet, führt es sein eigenes Leben für sich und bringt ganz andere Kunde, als ihm der Künstler zu offenbaren mitgab. Wenn ich das »Tannhäuser«-Vorspiel höre, ist mir bisweilen, als sähe ich den ritterlichen Minnesänger zart die grüne Wiese betreten, als hörte ich die Stimme der Liebesgöttin aus ihrem Reich nach ihm rufen. Doch ein andermal wieder erzählt es mir von ganz anderen Dingen, von mir vielleicht oder von denen, die ich liebte oder die ich zu lieben müde wurde, oder von Leidenschaften, die der Mensch nicht kennt und darum immer sucht... Die Schönheit hat so viele Bedeutungen! So viele Bedeutungen, als der Mensch Stimmungen hat.

Wollen wir unser Temperament bilden, müssen wir uns an die Künste halten, die uns berühren, nicht an die Künste, die bloß belehren.

Wenn man nicht Freude daran hat, ein Buch immer und immer wieder zu lesen, dann ist es wertlos, das Buch überhaupt zu lesen.

Jede Kunst wendet sich an das künstlerische Temperament – niemals an den Spezialisten.

Die Anschauungen des Gebildeten über Kunst sind natürlicherweise aus der Vergangenheit geschöpft, während das neue Werk doch gerade schön dadurch ist, daß es ist, was die Kunst bisher niemals war. Und wer daran das Lot der Vergangenheit anlegt, nimmt das Richtmaß, dessen Überwindung die Vollkommenheit eines Kunstwerks bedeutet.

Will sich das künstlerisch produktive Element seiner zukünftigen Entwicklung versichern, so ist das nur unter der Bedingung möglich, daß es viel kritischer wird, als es heute ist. Die alten Wege sind zu oft begangen worden, plumpe Füße haben den Zauber der unendlichen Straßen breitgetreten, sie haben die Frische der Überraschung, die der Poesie nötig ist, eingebüßt. Ganz neue Hintergründe müßte man aufscheinen lassen oder die Menschenseele in ihrem geheimsten Wirken zeigen, wenn man heute durch die Dichtung erschüttern will.

Kritik als Schöpfung

Der kritische Geist mit seiner gesammelten Kraft ist es einzig, der Kultur ermöglicht. Aus der ungefügen Masse der schöpferischen Werke keltert er den Niederschlag einer feineren Essenz. Wer könnte heute noch durch das unüberschaubare Bücherlabyrinth, in dem das Denken herumirrt und Unwissenheit miteinander streitet, einen Weg finden, ohne sein Formgefühl einzubüßen? Die Kritik ist es, die uns wie mit einem roten Faden durch diesen ermüdenden Irrgarten führt.

Niemals war die Kritik so nötig wie jetzt. Allein durch sie kann sich die Menschheit bewußt werden, bis zu welchem Punkt sie auf ihrem Weg gekommen ist.

Die Kritik schafft die geistige Atmosphäre des Zeitalters.

Jede neue Kunstart beklagt sich über die Kritik, scheint mir. Und doch hat sie ihr allein für ihr Entstehen zu danken, denn der bloß schöpferische Trieb erneuert nicht, schafft nur in den gewohnten Bahnen.

Ich glaube, durch die Entfaltung des kritischen Geistes werden wir fähig, nicht nur unser eigenes geistiges Leben zu erfahren, sondern auch das Leben der ganzen Menschheit zu erfassen und dadurch erst wahrhaft gegenwärtig zu sein. Denn der, der sich nur der Gegenwart bewußt wird, weiß von der Zeit, in der er lebt, nichts. Um sein eigenes Jahrhundert zu erleben, muß man alle vorausgegangenen Jahrhunderte, die ihm Gestalt gaben, erlebt haben. Und um sich selbst kennen zu lernen, muß man die anderen bis ins Innerste kennen. Es darf keine Stimmung geben, die man nicht mitzuempfinden vermag, und keine abgestorbene Lebensform, die man nicht wiedererwecken kann.

Erkenntnis, Selbsterkenntnis und kritischer Geist sind eins.

Der kritische Geist macht uns zu Kosmopoliten.

Die Kritik ist ihrem Wesen nach schöpferisch und unabhängig... Die Kritik hat mit der gemeinen Nachahmung der Wirklichkeit ebenso wenig zu tun wie das Werk des Dichters oder bildenden Künstlers. Sie hat zu dem kritisierten Werk eine ähnliche Einstellung wie der Künstler zur sichtbaren Welt der Farbe und Form oder zur unsichtbaren Fülle des Empfindens und Denkens.
  Der Kritiker bedarf, um seine Kunst so richtig zu entfalten, nicht einmal eines bestimmten Materials. Seinen Absichten dient alles, was ihm Freude macht,

sein Interesse darauf zu lenken, ja, es zu verschwen-
den... Was bedeutet einem so schöpferischen Menschen, wie es der Kritiker ist, das Thema? Nicht mehr
und nicht weniger als dem Erzähler und dem Maler.
Auch er kann seine Motive überall finden, entschei-
dend ist nur die Behandlung. Es gibt nichts, was
nicht den Keim zu Stimmung und Wirkung in sich
birgt.

Ich möchte die Kritik das Schaffen aus Geschaffenem
nennen. Von Homer und Aischylos bis Shakespeare
und Keats haben die großen Künstler ihre Stoffe nicht
aus dem Leben genommen, sondern aus dem Mythos,
aus den Sagen und alten Erzählungen – und so behandelt der Kritiker Stoffe, die andere für ihn gleichsam
gereinigt, denen andere schon dichterische Form und
Farbe gegeben haben. Ja, ich möchte noch weiter
gehen: die höchste Kritik ist der persönlichste Eindruck, in eine neue Form gebracht, ist also in ihrer Art
schöpferischer als das Schaffen selbst. Sie kann nur an
sich selbst gemessen werden, sie ist ihre eigene Ursa-
che, und, wie die Griechen es formulieren würden, in
sich und für sich ein Ziel. Die Fesseln der Wahrscheinlichkeit binden sie nicht, die gewöhnliche Berechnung
der Möglichkeit, diese unedle Rücksicht auf die im
ewigen Kreislauf des Alltags sich wiederholenden Tatsachen unseres persönlichen und öffentlichen Lebens,
engt sie nicht ein.

Ist also die Kritik wirklich eine schöpferische Kunst?
Wie denn nicht? Sie hat ihre Themen, die sie in Formen
bringt, in neue, lebendige Formen. Was tut die Dich-
tung mehr?... Nur: Die Dichtung beruft sich auf die
Wirklichkeit. Doch über die Seele gibt es kein Gericht.
Denn in Wahrheit ist die Kritik nichts anderes als ein
Bericht über die eigene Seele...

Sie beschäftigt sich nicht mit den Ereignissen, mit
den greifbaren Tatsachen und Geschehnissen des Daseins, sondern mit den Stimmungen des Geistes und
den Leidenschaften der Seele.

Für die höchste Kritik ist das Kunstwerk der Keim zu
einer neuen Schöpfung. Sie bescheidet sich nicht damit,
die eigentliche Absicht des Künstlers endgültig zu ergründen. Und recht tut sie! Denn der Sinn einer Schöpfung liegt nicht nur in der Seele dessen, der sie schuf, er
muß sich im Betrachter mindestens ebenso intensiv
wiederfinden. Ja, durch den Betrachter erst gelangt das
Werk zu seinen unzählbaren Möglichkeiten der Deutung. Durch den Betrachter gewinnt das Werk seinen
Wert, seinen Zusammenhang mit der Zeit, so daß es ein
Stück unserer selbst wird, zum Ausdruck dessen, was
wir ersehnen, zu einem Symbol dessen, was wir von der
Gewährung unserer Wünsche fürchten... Die Schönheit birgt Deutungen so zahlreich, als es Menschen gibt.

Schaffen allein ist Wiederholung. Nur dem kritischen
Geist verdanken wir die neuen Schulen, die neuen
Formen, für die sich die Kunst bereithält.

Jedes Jahrhundert, das Dichtkunst hervorbringt, ist soweit ein künstlerisches Jahrhundert. Und das Werk, das uns als natürlichstes, einfaches Zeugnis seiner Zeit erscheint, ist stets das Ergebnis der äußersten Bemühung, sich selbst zu erkennen. Es gibt keine Kunst ohne Bewußtsein.

Kunst ohne Bewußtsein ist unmöglich, Bewußtsein aber ist kritischer Geist.

Die höchste Kritik beschäftigt sich mit der Kunst. Aber nicht, weil sie etwas ausdrückt, sondern weil sie Eindrücke erweckt.

Als erstes muß ein Kritiker erkennen, daß Kunst und Ethik zwei ganz bestimmte, voneinander getrennte Gebiete sind. Übersieht er die Grenze, kehrt das Chaos zurück.

Der berufene Kritiker wird alle diese aufdringlichen Kunstwerke ablehnen, die ihre Botschaft bringen und dann verstummen und versteinern. Er sucht nach einer Kunst, die seine Träume, seine Stimmungen nährt und durch ihre schwerelose Schönheit jede Deutung als wahr, aber keine Deutung als abschließend erscheinen läßt.

Für den Kritiker ist die größte Schwierigkeit die, überhaupt einen Maßstab aufrecht zu erhalten. Wo

kein Stil ist, ist auch der Maßstab nicht zu finden. Diese
armen Leute sind heute nur mehr Berichterstatter der
literarischen Polizei. Sie melden die Gewohnheitsver-
brecher in der Kunst.

Der Kritiker zeigt uns das Kunstwerk in immer neuen
Begegnungen mit unserer Zeit. Er erinnert uns daran,
daß Kunstwerke etwas Lebendiges sind.

Kein Kunstwerk darf nach Gesetzen betrachtet werden, die nicht aus ihm selbst abgeleitet wurden. Die
Frage ist nur, ob es in sich selbst geschlossen ist.

Auch zugunsten des modernen Journalismus läßt sich
viel sagen. Indem er uns über die Meinung der Ungebil-
deten auf dem laufenden hält, bleiben wir in ständiger
Berührung mit der Unwissenheit der Massen.

Der Kritiker mit seinem differenzierten Unterschei-
dungsvermögen, mit seinem Instinkt für alles Vornehme, wird es vorziehen, in einen Spiegel von Silber
zu blicken, als durch den gewobenen Schleier zu
schauen. Er wird sich abwenden vom Irrgarten der
Welt und dem Getriebe des Lebens, ob nun der Spiegel
erblindet oder der Schleier zerrissen ist. Das einzige
Ziel, dem er dient, ist, seine Eindrücke aufzuzeichnen.
Für ihn werden Bilder gemalt und der Marmor geformt, für ihn werden Bücher geschrieben.

Nur durch den kritischen Geist wird uns die Kultur zur Vollendung reifen lassen... Denn wer ist der wahre Kritiker, wenn nicht der, der die Träume, die Gedanken, die Empfindungen von unzählbaren Generationen in sich birgt und pflegt, er, dem keine Schattierung des Denkens, kein Impuls der Seele fremd ist? Und wer ist wahrhaft gebildet, wenn nicht der, der durch intensives Aufnehmen und wählerisches Ablehnen seinen Instinkt so bewußt und hell werden zu lassen versteht, daß er das erlesene Werk vom banalen zu unterscheiden vermag? Dieser Mann, der im innigen Sichversenken und Vergleichen bis zu den Geheimnissen des Stils und der Schulen vorgedrungen ist, ihre Ziele erkannt hat und ihre Stimmen hört, gewinnt den selbstlosen Geist der Neugier, der die Wurzel und Blüte des geistigen Lebens ist. Wer außer ihm hätte geistige Klarheit erreicht? Lebt er doch mit den Unsterblichen, da er das »Beste, was die Welt weiß und gedacht«, aufgenommen hat.

Der Weg zur Wahrheit ist mit Paradoxen gezeichnet. Um die Wirklichkeit zu erproben, müssen wir sie auf einem gespannten Seil balancieren sehen. Erst wenn die Wahrheiten Akrobaten sind, können wir sie erkennen.

Was ist Wahrheit? In der Religion: einfach die Meinung, die überlebte Meinung. In der Wissenschaft: die letzte Entdeckung. In der Kunst: unsere letzte Stimmung.

Die Kritik weckt jenen heiteren philosophischen Geist, der die Wahrheit um ihrer selbst willen liebt, obwohl er um ihre Unerreichbarkeit weiß.

Gerade wie die Kunst eines Landes nur in der Begegnung mit der Kunst fremder Völker das eigene abgeschlossene, bestimmte Leben gewinnt, das wir ein nationales nennen, so kann auch der Kritiker die Persönlichkeit und das Werk anderer nur dann auslegen und deuten, wenn er seine eigene Persönlichkeit so stark wie möglich betont. Je stärker sein Wesen die Deutung ausbildet, um so mehr Überzeugung gewinnt sie, um so kräftiger und wahrer ist sie.

Von der höchsten bis zur niedrigsten Art ist jede Kritik eine Art Selbstbekenntnis.

Die Kritik auf ihrer höchsten Stufe ist der Ausdruck einer Stimmung.

Leitmotiv Liebe

Das Buch der Bücher beginnt mit einem Mann und einer Frau in einem Garten – und schließt mit Offenbarungen.

Man sollte immer von Liebesgedanken erfüllt sein.

Liebe ist es, die uns die wahre Deutung dieser Welt schenkt, wie immer man auch die nächste deuten mag.

Lieben heißt sich selbst übertreffen.

Die Liebe kann das Häßlichste zum kostbaren Zeichen der Erinnerung wandeln.

Eine wirkliche grande passion ist selten geworden, sie bleibt den Menschen vorbehalten, die nichts zu tun haben.

Jede Liebe ist eine Tragödie.

Die Sinne können wie das Feuer reinigen oder zerstören.

Zwischen Männern und Frauen gibt es keine Freundschaft. Da gibt es nur Leidenschaft: Haß, Anbetung,
Liebe – aber niemals Freundschaft.

Die Treuen wissen um die Wonnen der Liebe, der
Treulose ist es, der um die Tragödien der Liebe weiß.

Jedesmal, wenn man liebt, scheint es einem das einzige
Mal zu sein. Die Verschiedenheit des geliebten Wesens
steigert nur die Leidenschaft.

Die starken Leidenschaften müssen biegen oder bre-
chen. Sie erschlagen den Menschen, oder sie sterben
selbst.

Große Liebe, große Leidenschaft – sie werden durch
ihre eigene Fülle vernichtet.

Einen einzigen Vorteil hat man für sich, wenn man mit
dem Feuer spielt, nämlich den, daß man sich nicht
einmal versengt. Nur wer nicht mit dem Feuer zu
spielen versteht, verbrennt sich daran.

Die romantische Liebe lebt von der Wiederholung, und
die Wiederholung wandelt Begierde in Kunst.

Liebt man, beginnt man damit, sich selbst zu betrügen,
und endet damit, andere zu betrügen. Und das nennt
die Welt einen Roman!

Öffentliches und privates Leben sind völlig voneinander verschieden. Jedes wird von ganz eigenen Gesetzen regiert, jedes strebt ganz verschiedenen Zielen zu.

Es gibt nichts Ernstes außer der Leidenschaft.

Ideale sind gefährlich. Tatsachen verwunden, aber sie sind gütiger.

Gerade die Leidenschaften beherrschen uns am stärksten, über deren Wurzel wir uns täuschen.

Die Harmonie von Seele und Leib – wieviel ist das doch! In unserem Wahn haben wir einen Realismus erfunden, der gemein, und einen Idealismus, der leer ist.

Immer – welch unerträgliches Wort! Mich schaudert, wenn ich es höre. Frauen gebrauchen es aber gern. Sie sind es, die alle Abenteuer zerstören, weil sie ihnen die Dauer der Ewigkeit geben wollen. Noch dazu: es ist ein Wort ohne Sinn. Einen einzigen Unterschied gibt es zwischen der Laune und der Leidenschaft, die ein Leben lang währt: daß die Laune eine kleine Weile länger dauert.

Jedes Experiment hat seinen Wert, und was immer man auch gegen die Ehe vorzubringen hat, ein Experiment ist sie.

Die Liebe ist nicht mehr modern, die Dichter haben sie getötet. Sie haben soviel über die Liebe geschrieben, daß man ihnen nicht mehr glaubt. Wahre Liebe leidet und schweigt.

Darin liegt eben der Reiz der Ehe, daß sie ein Leben der Täuschung für beide Teile unumgänglich macht.

Geheimnisse sind immer kleiner als ihre Offenbarungen.

Ehen gehen heute meist wegen der Einsichtslosigkeit der Gatten in Trümmer. Kann man von einer Frau verlangen, mit einem Mann glücklich zu sein, der sie allen Ernstes als vernünftiges Wesen behandelt?

Die Ehe ist eine Art Treibhaus, sie bringt manchen seltsamen verbrecherischen Wunsch zur Reife, manche seltsame Entsagung.

Wie schwierig ist es, nicht ungerecht gegen diejenigen zu werden, die man liebt.

Was man heutzutage für Geschichten um die Treue macht! Und dabei ist sie auch in der Liebe nur eine Frage des Physiologischen, mit dem Willen hat sie gar nichts zu tun. Junge Leute wären gerne treu und sind es nicht, alte wären gerne treulos und können es nicht. Das ist alles, was darüber zu sagen ist.

Heiraten Sie nie! Männer heiraten, weil sie müde, Frauen, weil sie neugierig sind. Beide werden enttäuscht.

Niemand kann für immer der Liebe die Türe verschließen.

Liebe ist besser als Weisheit.

Nirgends gibt es ein Gefängnis, zu dem Liebe nicht den Eintritt erzwingen kann.

Nicht die Vollkommenen, die Unvollkommenen brauchen Liebe. Wenn man verwundet ist, durch eigene oder fremde Hand, dann sollte Liebe kommen und uns heilen – wozu gäbe es sonst die Liebe?

Liebe sollte alle Sünden vergeben, nur nicht die Sünde wider die Liebe selbst.

Das Geheimnis der Liebe ist größer als das Geheimnis des Todes.

Das dekorative Geschlecht

Was ist Tugend?... Vielleicht verdanken die Lukretien ihre Reinheit weniger ihrer eigenen Makellosigkeit als der Schande der Magdalenen.

Wie leidenschaftlich lieben doch die Frauen die Gefahr! Das ist eine der Eigenschaften, die ich an ihnen am meisten bewundere.

Die Frauen sind ein bezaubernd eigenwilliges Geschlecht. Jede von ihnen ist eine Rebellin und empört sich meist wild gegen sich selbst.

Frauen lassen sich durch Schmeicheleien nie entwaffnen, Männer immer.

Frauen lieben mit dem Ohr, während Männer, wenn überhaupt, mit den Augen lieben.

Die Frauen werden wie ihre Mütter, das ist ihre Tragödie. Und kein Mann wird so. Das ist seine Tragödie.

Es ist gar kein Spaß, einen Mann zu hintergehen, der nichts merkt.

... Sie ist sehr gescheit, für eine Frau eigentlich zu gescheit. Ihr fehlt jener zwingende Reiz der Schwäche.

Die Unwissenheit ist wie eine zarte fremde Blume: berührt man sie, stirbt die Blüte.

Ich wüßte nicht, daß man die Frauen für ihren Charme belohnt. Mir scheint eher, daß man sie meist dafür straft.

Nur die wirklich echte Frau vermag eine wirklich echte Dummheit zu begehen.

Eine schlechte Frau ist von jener Art Frauen, deren man nie überdrüssig wird.

Frauen sind Gemälde, Männer sind Probleme. Wer wissen will, was eine Frau wirklich meint, muß sie anschauen, nicht ihr zuhören.

Mit einem entsprechenden Hintergrund kann eine Frau alles tun.

Bestrickenden Frauen gibt ihr Geschlecht nicht Schutz, sondern reizt zum Angriff.

Frauen verteidigen sich durch Angriff. Sie greifen ja
auch an, indem sie sich plötzlich ergeben.

Im Leben einer Frau gibt es nur eine einzige Tragödie,
das ist die Tatsache, daß ihre Vergangenheit immer ihr
Geliebter und die Zukunft stets ihr Gatte ist.

Die Frauen sind ein dekoratives Geschlecht. Sie haben
nie etwas zu sagen, aber sie sagen es entzückend.

Die Frau umkleide ihre Fehler mit Anmut und Reiz –
und sie ist kein Weibchen mehr.

Keine Frau sollte mit der Gabe sich zu erinnern behaf-
tet sein. Eine Frau, die sich erinnert, neigt bereits dazu,
sich zu vernachlässigen.

Das Alter von fünfunddreißig ist ein sehr anziehendes
Alter. Wieviel Frauen gibt es nicht in der Gesellschaft,
die durch Jahre ihre fünfunddreißig Lenze bewahren!

Wie manche Frau versucht, einen Salon zu gründen,
und was ihr gelingt, ist nicht mehr, als ein Restaurant
zu eröffnen.

Ich glaube nicht, daß es wirklich puritanische Frauen
gibt. Ich glaube nicht, daß es eine Frau gibt, die sich
nicht ein wenig geschmeichelt fühlt, macht man ihr den
Hof. Das eben macht die Frauen so überaus anziehend.

Die Frau, die den Mann zu fesseln begehrt, muß nur seine primitiven Instinkte entfesseln.

Ich fürchte sehr, Frauen wünschen sich nichts mehr als Gewalt. Sie haben doch ganz wundervoll einfache Instinkte. Wir waren es, die sie emanzipiert und ihnen die Freiheit gegeben haben, aber sie bleiben unsere Sklavinnen, die den ängstlichen Blick auf den Herrn richten. Sie wollen beherrscht sein.

Frauen werden von Männern erzogen, aber nicht ergründet.

Die Bestimmung der Frau ist, geliebt, nicht, verstanden zu werden.

Männer können lieben, was ihrer nicht würdig ist, wertlose, unreine, beschämende Dinge. Frauen vergöttern, wenn sie lieben. Und wenn sie nicht mehr vergöttern können, verlieren sie alles.

Mit Maß denken – das sollten die Frauen, wie es für sie am besten wäre, alles mit Maß zu tun.

Für den Philosophen sind die Frauen der Sieg der Materie über den Geist, sowie ihm die Männer den Sieg des Geistes über die Moral bedeuten.

Frauen – Sphinxe ohne Geheimnis.

Der Mut ist von den Männern auf die Frauen übergegangen. Er ist ein neues Erlebnis für die Frauen.

Heute gibt es keine Romantik mehr, die Frauen sind zu intelligent geworden. Nichts verdirbt die Romantik so gründlich, als wenn die Frau Sinn für Humor hat.

Der einzige Reiz der Vergangenheit liegt darin, daß sie Vergangenheit ist. Nur die Frauen wissen nie, wann der Vorhang gefallen ist. Sie verlangen nach einem sechsten Akt, und wenn das Interesse am Stück zu Ende ist, schlagen sie uns vor, weiter zu spielen. Gäbe man ihrem Wunsch nach, so endete jede Komödie tragisch und jede Tragödie als Farce. Sie sind oft entzückend künstlich, haben aber gar keinen Sinn für Kunst.

Die Frauen sind jetzt so gebildet, daß sie nichts mehr überraschen sollte außer gute Ehen.

Nichts macht die Frauen so alt, als nach der allgemein gültigen Regel zu heiraten.

Mit dem »Jeu de mariage« ist es merkwürdig bestellt: die Frauen halten alle Trümpfe in der Hand und doch verlieren sie immer den letzten Stich.

Frauen behandeln Männer wie die Menschen ihre Götter. Sie beten sie an und bitten sie stets, etwas für sie zu tun.

Es gibt eine so große Menge aufreizender Frauen, die mit ihrem Gatten flirten. Das macht sich so schlecht. Es sieht aus, als ob man die eigene Wäsche öffentlich waschen wollte, um zu zeigen, wie rein sie ist.

Die verheiratete Frau ist Herrin über alle Männer. Das allein ist das Gebiet, das sie völlig beherrscht.

Nichts auf der Welt geht über die Liebe einer verheirateten Frau. Das ist etwas, wovon ein verheirateter Mann nichts ahnt.

Keine Frau gibt sich mit soviel Gefühl und Reichtum hin wie die verheiratete Frau. Freilich, davon weiß der Ehemann nichts.

Die Frauen leben von ihren Gefühlen und für sie. Sie haben keine Lebensphilosophie.

Eine Frau, die einen Mann liebt und sich die Liebe dieses Mannes erhalten will, hat alles getan, was die Welt von den Frauen verlangt oder von ihnen verlangen sollte.

Männliches Brevier

Das wahre Ideal des Mannes ist die Entwicklung seines Ichs.

Die Frauen regen die Männer an, Meisterwerke zu schaffen, und hindern sie immer daran, diese auszuführen.

Männer von untadeliger Gesinnung sind am meisten für sinnlichen Reiz empfindlich.

Heutzutage leben Ehemänner wie Junggesellen und Junggesellen wie Ehemänner.

Wenn ein Mann behauptet, er habe das Leben erschöpft, so muß man annehmen, daß das Leben ihn erschöpft hat.

Ein Mann, der beharrlich ledig bleibt, wird zu einer dauernden öffentlichen Versuchung.

Das Glück des Ehemannes hängt von Leuten ab, die er gar nicht geheiratet hat.

Ein Ehemann ist wie ein Schuldschein, die Frau wird es müde, ihn zu sehen.

Wahrheit gehört nicht zu den Dingen, die man einem bezaubernden Mädchen sagt.

Ein schlechter Mann gehört zu jener Sorte von Männern, die die Unschuld bewundern.

Ist ein Mann alt genug, unrecht zu tun, sollte er auch alt genug sein, recht zu tun.

Wenn ein Mann etwas ganz Törichtes tut, geschieht es immer aus den edelsten Gründen.

Gib dich jeder Frau gegenüber so, als wärest du in sie verliebt, und jedem Mann gegenüber, als sei er dir überlegen – und bald wird man dir den Ruf eines vollendeten Gentleman neiden.

Ein Dandy zu sein: der Versuch, der Schönheit ein modernes Gepräge zu geben.

Die Frauen lieben uns um unserer Fehler willen. Hätten wir nur genügend Fehler, so würden sie uns alles verzeihen, selbst unseren Geist.

Die Männer wollen immer die erste Liebe einer Frau sein. Damit verraten sie ihr Ungeschick. Die Frauen haben einen feineren Instinkt, sie wollen die letzte Leidenschaft eines Mannes sein.

Männer kann man erläutern, Frauen verehrt man.

Der Mann, der arme, trockene, zuverlässige, notwendige Mann ist von dem Geschlecht, das seit Millionen Jahren vernünftig gewesen ist. Er ist unschuldig daran, es liegt in seiner Art. Ganz anders sieht die Geschichte der Frau aus. Die Frauen waren stets ein malerischer Protest gegen den gesunden Menschenverstand, dessen Gefahren sie von Anfang an erkannten.

Der bequemste Staat

Die Betriebsamkeit, die erforderlich ist, um zu verdienen, ist demoralisierend. In einer Gesellschaft wie der unseren setzt sich der Mensch, ehrgeizig wie er veranlagt ist, zum Ziel, Eigentum anzuhäufen, und jagt bis zur Ermüdung und Überdruß Schätzen nach, die er kaum braucht, oft gar nicht brauchen kann, die er nicht zu genießen versteht oder die er nicht zu überblicken imstande ist. Einzig um zu Besitz zu kommen, bringt sich der Mensch durch Überarbeitung um...

Und doch dürfte dem Menschen nichts wahrhaft Schaden zufügen können, nichts dürfte ihn berauben, nur eines: das eigene Ich. Denn nur was in ihm ist, besitzt der Mensch wirklich. Was draußen ist, sollte ohne Bedeutung für ihn sein.

Die Gesetze der guten Gesellschaft müßten doch dieselben sein, die auch für die Kunst gelten. Form ist für sie das Wesentliche.

Die Zivilisation braucht Sklaven, damit hatten die Griechen durchaus recht. Wenn nicht Sklaven die stumpfsinnigen, widerwärtigen und ermüdenden Arbeiten verrichten, sind Beschaulichkeit und Kultur unmöglich. Vom mechanischen Sklaventum, der Maschine, hängt die Zukunft der Welt ab.

Gegenwärtig konkurriert die Maschine mit dem Menschen. Unter richtigen Bedingungen wird sie dem Menschen dienen.

Zuerst Manieren, dann Moral.

Wir leben in einem Zeitalter der Überarbeitung und der Unterbildung, in einem Zeitalter, in dem die Menschen so fleißig sind, daß sie verdummen.

Wo Zentralisation ist, ist auch Dummheit.

Der Sozialismus ist nur insoweit nötig, als er zum Individualismus führt.

Die Einführung der sozialen Gesellschaftsordnung brächte uns ohne Zweifel einen wesentlichen Vorteil: nicht mehr genötigt zu sein, für andere zu leben. Dieser schmutzigen Notwendigkeit, die noch auf fast allen von uns lastet, kann sich heute tatsächlich kaum einer entziehen.

Wenn man das Problem durchdenkt, so findet man den tatsächlichen Schaden, den die Gefühle des Mitleids anrichten, darin, daß sie unser Wissen trüben und verhindern, eine soziale Frage wirklich zur Lösung zu bringen.

Der Staat sollte eine freiwillige, die Arbeit organisierende Vereinigung sein, gleichsam Erzeuger und Verteiler des Notwendigen in einer Person.

Die Pflicht des Staates ist, das Nützliche zu tun. Aufgabe des Individuums wäre es, das Schöne zu schaffen und heranzubilden.

Wir leben in einer Zeit, die zu wenig erzogen ist und zu viel arbeitet. Die Leute sind so fleißig, daß sie verdummen, und, mag es auch noch so hart klingen, ich muß es sagen, sie verdienen ihr Los. Nur wer vom Leben nichts wissen will, sucht sich nützlich zu machen.
  Das ist ein sicheres Mittel.

Die Häßlichen und Dummen haben es auf dieser Welt am besten. Ruhig sitzen sie da und schauen dem Spiel zu und wenn sie von Sieg nichts wissen, so bleibt ihnen doch die Niederlage erspart.

Die Arbeit kann man aufteilen, den Geist, der über sie herrscht, nicht.

Alle Systeme, die auf der Beständigkeit der menschlichen Natur und nicht auf ihrem Wachstum, ihrer Veränderlichkeit gründen, sind zum Scheitern verurteilt.

Was ist ein praktischer Plan? Ein Plan, der bereits entworfen ist und unter den herrschenden Bedingungen verwirklicht werden kann. Und doch, gerade gegen die bestehenden Verhältnisse hat man sich zu kehren. Jeder Plan, der sich diesen Verhältnissen einordnet, ist schlecht und töricht. Systeme werden abgelöst, die Menschen ändern sich. Was man von der Natur des Menschen mit Sicherheit weiß, ist, daß sie sich ändert. Veränderlichkeit ist die einzige Eigenschaft der Menschheit, die wir mit Sicherheit nennen können.

Religionen sterben, sobald man ihre Wahrheit nachweist. Die Wissenschaft ist die Geschichte toter Religionen.

Die Menschen werden in ihrer Entwicklung vom Christentum gefördert, wenn sie danach verlangen. Wenn sie aber kein Bedürfnis nach dem Christentum haben, werden sie sich ohne diese Religion ebenso sicher weiterentwickeln.

Der Ungehorsam ist für den, der die Geschichte der Menschen kennt, die eigentliche Tugend. Ungehorsam und Auflehnung waren es, die den Fortschritt gebracht haben.

Gewalt erniedrigt die nicht weniger, die sie ausüben, als jene, die sie erdulden müssen.

Wird Gewalt schonungslos, brutal, grauenerregend geübt, kann sie gerade dadurch Günstiges bewirken: sie weckt den Geist der Auflehnung, den Geist des Individualismus, der sie schließlich vernichten wird.

Verbrämt sich die Gewalt aber mit dem Anschein von Güte und Wohlwollen, mit der Geste der Großzügigkeit, der Belohnungen und Auszeichnungen, wirkt sie demoralisierend. Die Menschen werden sich dann des lastenden Drucks kaum bewußt, sie wandeln in einem gewissen satten, zufriedenen Behagen durch das Leben wie gut versorgte Haustiere, ohne zu wissen, daß sie nach den Schlagworten anderer denken, nach den von anderen festgelegten Normen leben und gleichsam die abgelegten Kleider anderer tragen.

Sie sind nicht für einen Augenblick sie selbst – und sie merken es nicht ... Die Autorität, die zu so stumpfer Anpassung, zu so willenloser Nivellierung zwingt, erniedrigt die Menschheit zur gemeinsten Barbarei, zur Barbarei der Übersättigung.

Die gewöhnliche Grausamkeit ist nur Dummheit.

Es gibt nur etwas Schlimmeres als Macht, das ist Gerechtigkeit ohne das Schwert in der Hand. Wenn Recht nicht Macht ist, ist es Übel.

Es existiert viel zuviel Strafe in der Welt.

Leiden ist nicht die letzte Vollendung, es ist eine Stufe der Entfaltung, ein Protest... Wenn man einmal der Krankheit, der Gemeinheit, der Ungerechtigkeit die Herrschaft abgesprochen hat, dann wird das Leid keinen Platz mehr finden, es wird sein Werk vollbracht haben.

Das eigentliche Ziel aller Bemühungen müßte sein, die Gesellschaft auf einer Grundlage neu aufzubauen, die Armut ausschließt.

Oft erzählt man, die Armen wären für Wohltaten dankbar. Einige von ihnen sind es auch, aber die besten unter ihnen sind es nicht. Sie sind undankbar, unzufrieden, ungehorsam, sie sind Rebellen. Und mit Recht. Sie empfinden ganz instinktiv, daß Mildtätigkeit eine unzulängliche Art von Rückzahlung oder eine sentimentale Sorte von Almosen, dazu noch meist mit dem Versuch des großzügigen Spenders verbunden ist, in das Privatleben des Beschenkten tyrannisch einzugreifen.

An der sogenannten guten Gesellschaft ist die Maske interessant, die ihre Mitglieder tragen, nicht die Wirklichkeit, die hinter der Maske verborgen liegt.

Wir leben in einer Zeit, die zuviel liest, um weise zu sein, und die zuviel denkt, um schön zu sein.

Eine Weltkarte, auf der das Land Utopia nicht einge-
zeichnet ist, ist kein Abbild der Welt. Denn ihr fehlt das
Land, wo der Traum der Menschheit ewig Anker
wirft.

Weil die Menschheit nie gewußt hat, wohin sie ging,
war sie imstande, ihren Weg zu gehen.

Menschliche Tragikomödie

Form ist alles. Form ist das Geheimnis des Lebens. Gib der Trauer Ausdruck, und sie wird dir kostbar werden. Gib der Freude Ausdruck, und dein Entzücken steigert sich. Du möchtest lieben? Sprich die Litanei der Liebe, und ihre Worte werden die Sehnsucht schaffen, aus der sie der Meinung der Welt nach entspringen. Quält dich ein Kummer, der dir das Herz zerreißt? Versenke dich in die Sprache des Kummers, lerne ihre Äußerungen von Hamlet oder Königin Constanze, und du wirst verstehen, daß allein der Ausdruck Trost bedeutet und daß die Form, die der Keim der Leidenschaft, auch der Tod des Schmerzes ist.

Welche Künste sind die vollendetsten? Das Leben und die Literatur, das Leben und sein vollendetster Ausdruck.

Die Sprache ist die Mutter des Denkens, nicht ihr Kind. Handeln ist dem Wesen nach unvollkommen. Es bewegt sich durch äußere Einflüsse, durch unbewußte Triebe. Handeln wird durch den Zufall bestimmt, es ist blind und kennt seine Richtung nicht, führt immer zu einem anderen als dem angestrebten Ziel. Seine Grundlage ist Phantasiemangel. So wird es die letzte Zuflucht derer, die nicht zu träumen verstehen.

Man ist mit einer Stimmung zu Ende gekommen, wenn man ihr Ausdruck verliehen hat.

...Das Leben war für ihn die erste, die herrlichste Kunst. Alle anderen Künste schienen ihm nur die Vorschule dazu zu sein...

Der Zweck des Lebens – wenn es überhaupt einen gibt – besteht darin, sich immer in Versuchung zu begeben.

Es geschieht oft, daß sich die wirklichen Tragödien des Lebens in einer so unkünstlerischen Art abspielen, daß sie uns durch den Mangel an jeglichem Zusammenhang, durch ihre brutale Gewalt, ihre abwegige Sinnlosigkeit verletzen. Sie sind für uns nichts anderes als Gemeinheit. Sie wecken in uns den Widerstand gegen rohe, nackte Gewalt.

Manchmal aber tritt in unser Leben eine Tragödie, die künstlerische Elemente in sich birgt, und dann berührt das ganze Erlebnis nur unseren Sinn für dramatische Wirkung. Plötzlich sind wir nicht mehr die Darsteller, sondern die Zuschauer des Stücks. Nein, eigentlich sind wir beides zugleich. Wir beobachten uns selbst und sind erschüttert über das Wunder unseres eigenen Schicksals.

Die Seele, die in uns lebt, ist kein geistiges Einzelwesen, das uns persönliches Gepräge verleiht, das zu unseren Diensten geschaffen wurde und zu unserer Freude in uns eingezogen ist. Sie ist ein Wesen, das an Stätten des Grauens geweilt und in alten Grüften gehaust hat. Voll von den Narben vieler Wunden und den Erinnerungen an undeutbare Stunden, ist sie weiser als wir. Aber ihre Weisheit ist bitter.

In unserer Seele wohnen die unerfüllbaren Wünsche, die Seele treibt uns, Zielen nachzujagen, von denen wir wissen, daß wir sie nie erreichen werden. Doch ein Heilmittel ist sie bereit, uns zu schenken: sie führt uns sanft aus der Gegenwart, deren Schönheit durch die Nebel der Vertrautheit verhangen ist, deren Zwang zu den gewöhnlichen kleinen Bestrebungen unsere Entwicklung zur Vollkommenheit aufhält. Sie hilft uns, aus der Zeit, in der wir geboren sind, zu fliehen, und einzukehren in andere Zeiten, deren Sphäre für uns Heimat ist. Sie entführt uns aus dem Reich der eigenen Erfahrungen und lehrt uns, die Erfahrungen anderer erleben, die größer sind als wir.

Niemals darf man ein System bejahen, das Opfer der Leidenschaft fordert. Das wahre Ziel des neuen Lebens sollte die Erfahrung selbst sein, nicht aber die Frucht der Erfahrung, ob sie bitter oder süß ist. Von der Askese, die alle Sinne tötet, von der üblen Ausschweifung, die sie abstumpft, sollte dieses neue Leben nichts wissen. Aber es sollte die Menschen dazu führen, sich für die großen Augenblicke des Lebens zu sammeln, da doch das Leben selbst nur ein Augenblick ist.

Die Seele ist eine furchtbare Wirklichkeit. Man kann sie kaufen, verkaufen, umtauschen. Sie kann vergiftet, zerstört oder zur Vollkommenheit geführt werden. In jedem von uns lebt eine Seele, ich weiß es.

Mit der Freude, der Schönheit, den Farben des Lebens sollte man sich gleichstimmen. Je weniger man über die Wunden des Daseins spricht, desto besser.

Zuschauer des eigenen Lebens zu sein, das ist der Weg, um den Schmerzen des Lebens zu entrinnen.

Wie oft machen wir uns selbst zum Experiment, während wir der aufrichtigen Meinung sind, an anderen einen Versuch anzustellen.

Vielleicht liegt in jeder Freude, wie in jedem Genuß – Grausamkeit.

Niemals wird ein kultivierter Mensch Genuß bereuen, und kein unkultivierter Mensch weiß, was Genuß ist.

Nur ein einziges Mal in unserem Leben können wir ein großes Erlebnis haben, und das Geheimnis des Lebens ist es, dieses Erlebnis so oft wie möglich zu wiederholen.

Das Leben ist eine Taktfrage.

Nicht der Wille oder die Motive bestimmen das Leben.
Die Nerven, die Muskeln, die immer wieder sich neu
nachbildenden Zellen, in die sich Gedanken hüllen und
Leidenschaften bergen und Träume senken – das ist das
Leben.

Die Seele ist alt geboren und wird jung. Das ist die
Komödie des Lebens. Der Körper ist jung geboren und
wird alt. Das ist die Tragödie des Lebens.   [fb]

Die Tragödie des Alters ist nicht, daß man alt wird,
sondern, daß man jung bleibt.

Kein Mensch ist reich genug, um sich die eigene
Vergangenheit zurückzukaufen.

Der Rhythmus macht das Leben.

Ja, das ist eines der Geheimnisse des Lebens: die Seele
durch die Sinne heilen können und die Sinne durch die
Seele.

Die Trennung des Geistes vom Stoff ist ein Geheimnis,
und die Vereinigung von Geist und Stoff ist wieder
eines.

Die Seele kann Gefangene des Geistes wie des Leibes sein.

Wer zwischen Geist und Seele einen Unterschied setzt, besitzt keines von beiden.

Der wahre Tor, den die Götter verhöhnen oder vernichten, ist der, der sich selbst nicht kennt.

Erfahrung ist Intuition des Lebens.

Die Erfahrung ist eine Frage des Lebensinstinkts.

Unsere Gefühle sind stets früher als der Verstand erregt.

Man sollte die Buntheit des Lebens als Ganzes aufnehmen, aber sich niemals an die Einzelheiten verlieren.

Die Menschen neigen sehr dazu, gerade das zu geben, was ihnen selbst am nötigsten wäre.

Die Leute kennen heute den Preis jedes Dinges, aber von nichts den Wert.

Ein Zyniker ist ein Mensch, der von allem den Preis und von nichts den Wert kennt.

Der Sentimentale ist einer, der in allen Dingen lächerlich hohe Werte sieht und von nichts den Marktpreis kennt.

Ich kann ein Gefühl nicht wiederholen, niemand kann das außer den sentimentalen Menschen.

Der Mensch ist alles eher als vernünftig.

Kinder beginnen damit, ihre Eltern zu lieben, später beurteilen sie sie. Manchmal verzeihen sie ihnen.

Es ist geradezu unsinnig, die Menschen in gute und schlechte einzuteilen!

Der Mensch ist immer eins mit seiner Vergangenheit. Sie ist das einzige Maß, mit dem man Menschen messen sollte.

Jedes Vorurteil in der Frage, was richtiges oder falsches Benehmen sei, zeigt eine gehemmte geistige Entwicklung.

Jugend – nichts gleicht ihr! Absurd ist es, von der Unwissenheit der Jugend zu sprechen.

Unglück kann man ertragen, es kommt von außen, es ist – Zufall! Aber durch die eigenen Fehler leiden, das ist der Stachel des Lebens!

Das Dasein ist zu kurz, um fremde Sünden auf seine Schultern zu nehmen. Jeder Mensch muß sein eigenes Leben leben, muß selbst den Preis dafür zahlen. Das Unheil ist nur, daß man für ein und denselben Fehler aufs neue zahlen muß, immer wieder aufs neue. In seinem Vertrag mit den Menschen schließt das Schicksal die Rechnung nie ab.

Niemand begeht ein Verbrechen, ohne nicht zugleich eine Dummheit zu begehen.

Wir müssen alle für die Geschenke der Götter leiden, entsetzlich leiden...

Gefühlsschwärmer nenne ich den, der sich den Luxus einer Gemütserregung leisten möchte, ohne dafür bezahlen zu wollen.

So etwas wie ein Omen gibt es nicht. Das Schicksal sendet uns keine Warnung. Dazu ist es zu weise oder zu grausam.

Wir sind nur allzu oft bereit, für die niedrigsten der Geheimnisse des Lebens einen Preis zu bezahlen, der ungeheuerlich und unbegrenzt ist.

Die Menschen sind Feiglinge, sie übertreten jedes Gesetz, das die Welt kennt – und fürchten sich vor der Zunge der Gesellschaft.

Selbstmord ist das größte Kompliment, das man der Gesellschaft machen kann.

Nur die Seichten kennen einander.

Wir denken so gut von den anderen, weil wir uns fürchten. Die Wurzel des Optimismus ist Angst. Wir selbst halten uns für edel, weil wir unserem Nachbarn gern alle Tugenden zutrauen, die sich uns selbst als angenehm erweisen könnten... Ich hege die größte Verachtung für den Optimismus.

Optimismus beginnt mit einem breiten Lächeln, und Pessimismus endet mit einer blauen Brille – beides ist nur Pose.

Der Mensch ist ein mit Vernunft begabtes Tier, das immer die Geduld verliert, wenn es der Vernunft gemäß handeln soll.

Bei der Jugend ist Zögern ein Zeichen geistigen Verfalls, beim Alter von körperlicher Schwäche.

Ich denke, wenn jemand etwas Unangenehmes zu sagen hat, sollte er ganz offen sein.

Es gibt Dinge, die zu sagen durchaus recht ist – nur sagt man sie zu den unrechten Leuten und zur unrechten Zeit.

Man kann immer freundlich gegen die sein, um die man sich nicht kümmert.

Lachen ist kein schlechter Anfang für eine Freundschaft und bestimmt ihr schönster Beschluß.

Im Wachstum liegt des Denkens und des Lebens Kern.

Wir sollten nichts aus den Bereichen der Hoffnung ausschließen. Das Leben ist eine Hoffnung.

Auch die Dinge sind ihrem Wesen nach das, was wir aus ihnen zu entwickeln belieben.

Jeder Winkel, den man liebt, ist die Welt.

Nicht der Augenblick erschafft den Menschen, der Mensch zeugt seine Zeit.

Wir haben alle die gleiche Welt. In ihr sind Gutes und Böses, Schuld und Unschuld ineinander verschlungen. Wollten wir unsere Augen vor der einen Hälfte verschließen, um ungestört und gefahrlos zu leben, wäre es so, wie wenn wir uns selbst blendeten, um sicherer zwischen Abgründen und Schluchten zu wandeln.

Will man das Leben beobachten, wie es in seinem Schmelztiegel Schmerz und Lust mischt, kann man vor das Gesicht keine Schutzmaske legen und kann auch nicht die Schwefeldämpfe abhalten, verwirrend in das Gehirn einzudringen und die Phantasie mit Ausgeburten wilder Träume zu erfüllen. Es gibt so feine Gifte, daß man sie eingesogen haben muß, um ihre Eigenart zu erkennen, es gibt so sonderbare Krankheiten, daß man sie erlitten haben muß, wenn man ihre Seltsamkeit begreifen will. Und doch – welch überschäumender Lohn wird einem dann zuteil! Wie wunderbar erscheint dann die Welt!

Die Beichte, nicht der Priester absolviert.

Das Leben ist ein mauvais quart d'heure, geschmückt mit erlesenen Augenblicken.

Nur heilige Dinge sind es wert, daß man nach ihnen greift.

Wir liegen alle in der Gosse, aber einige von uns blicken zu den Sternen auf.

Es gibt einen Gott, der die Menschen zwingt, auf Erden schon ihre Sünden zu bekennen wie später im Himmel.

Aufopferung ist ein Vergehen, das man gesetzlich verbieten müßte. Sie wirkt so verderblich auf die Leute, für die man sich aufopfert. Sie gehen daran zugrunde.

Das wahre Geheimnis der Welt liegt im Sichtbaren, nicht im Unsichtbaren.

Selbstlosigkeit bedeutet, die anderen in Ruhe zu lassen, sich nicht in ihr Leben drängen.

Das Gedächtnis ist das Tagebuch, das wir alle mit uns führen.

Wahrhaftig – das Unrecht hat die Welt verteilt. Nichts ist gleich verteilt – außer der Sorge.

Unsere schwächsten Triebe sind die, über deren Natur wir uns klar sind.

Wir sind nicht auf die Welt geschickt, um unsere moralischen Vorurteile an den Mann zu bringen.

Jeder große Mann hat seine Jünger, und es ist immer Judas, der die Biographie schreibt.

Jeder Erfolg, den wir erzielen, bedeutet einen Feind mehr. Mittelmäßig muß man sein, wenn man beliebt sein will.

Extravagante Gedanken

Die Welt wurde von Narren geschaffen, damit Weise in ihr leben.

Das Leben ist eine viel zu wichtige Angelegenheit, um darüber ernsthaft zu reden.

Argumente sollten vermieden werden. Sie sind immer vulgär und oft überzeugend.

Der Gedanke, der nicht gefährlich ist, ist gar nicht wert, gedacht zu werden.

Wenn ein Mensch so arm an Phantasie ist, daß er seine Lüge mit Beweisen stützen muß, könnte er gerade so gut die Wahrheit sagen.

Der Lügner zielt auf nichts anderes ab, als zu erfreuen, zu entzücken, Genuß zu bereiten. Er ist die eigentliche Grundlage der Gesellschaft.

Der Mensch ist am wenigsten er selbst, wenn er in eigener Person spricht. Gib ihm eine Maske, und er sagt die Wahrheit.

Das sicherste Mittel, nichts vom Leben zu erfahren, ist, sich nützlich zu machen.

Ich fürchte, daß gerade die Guten auf dieser Welt sehr viel Unheil anrichten. Am gefährlichsten sind sie dadurch, daß sie dem Schlechten soviel Bedeutung beimessen.

Ist ein Mensch ein Gentleman, weiß er genug. Ist er kein Gentleman, so mag er soviel wissen, wie er will, es hilft ihm nichts.

Mit der Gesellschaft zu leben – welche Qual! Aber außerhalb der Gesellschaft leben – welche Katastrophe!

Eine feinfühlige Person ist jemand, der immer anderen auf die Füße tritt, um die eigenen Hühneraugen zu schützen.

Wer das Unerwartete erwartet, zeigt einen durchaus modernen Geist.

Die meisten Leute machen Bankerott, weil sie sich zu sehr auf die Prosa des Lebens verlassen haben.

Die Welt ist in zwei Klassen eingeteilt, in diejenigen, die das Unglaubliche glauben, und in diejenigen, die das Unwahrscheinliche tun.

Die Mode ist das, wodurch das Phantastische für einen Augenblick allgemein wird.

Warum nur können die Menschen nicht von dem alten, breitgetretenen Sündenpfad abweichen und etwas origineller in ihren Fehlern sein, wenn sie schon unbedingt sündigen müssen.

Übrigens macht nichts so eitel, wie ein Sünder genannt zu werden.

Es gibt keine Sünde außer der Dummheit.

Nichts sieht so sehr nach Unschuld aus wie Unverschämtheit.

Man sollte immer anständig spielen – wenn man die Trümpfe in der Hand hat.

Obwohl von allen Posen die moralische die widerlichste ist, ist es doch immerhin schon etwas, eine Pose zu haben. Sie bedeutet eine Form der Erkenntnis, daß es wichtig sei, das Leben von einem distanzierten, durchdachten Standpunkt aus zu betrachten.

Gute Vorsätze sind Schecks, die man auf eine Bank ausstellt, bei der man kein Konto hat.

An den guten Vorsätzen haftet immer etwas Verhängnisvolles, sie werden unweigerlich zu früh gefaßt.

Gute Vorsätze sind nutzlose Versuche, sich mit gelehrten Thesen abzugeben. Ihr Ursprung ist Eitelkeit, ihr Erfolg ist absolut Null.

Denken ist herrlich, aber noch herrlicher ist die Erregung des Abenteuers.

Langeweile ist die Sünde, für die es keine Absolution gibt.

Der Preis für eine Sensation ist nie zu hoch bezahlt.

Nur die oberflächlichen Eigenschaften dauern, die Tiefen der menschlichen Seele sind bald ergründet.

Was wir tun, ist unsere erste Tragödie, was wir später dazu sagen, die zweite. Vielleicht ist die zweite die schlimmere. Worte sind erbarmungslos.

Wenn man über etwas nicht spricht, so ist es nicht geschehen.

Der einzige Unterschied, der zwischen einem Heiligen und einem Sünder besteht, ist der, daß der Heilige eine Vergangenheit, der Sünder aber eine Zukunft hat.

Auf dieser Erde gibt es nur zwei Tragödien: die eine besteht darin, daß man nicht bekommt, was man sich wünscht, die andere darin, daß man es bekommt. Die zweite ist viel schlimmer, sie ist eine wirkliche Tragödie.

Die Zigarette ist das vollendete Bild des Genusses: sie ist köstlich und läßt unbefriedigt. Was ist noch mehr zu verlangen?

Die Kunst – ist eine Krankheit, die Liebe – eine Illusion, die Religion – der moderne Ersatz für Glauben. Welch ein Skeptiker! Niemals – denn der Zweifel ist der Anfang des Glaubens.

Nur über Fragen, die einen nicht interessieren, kann man ohne Vorurteil sprechen... Wer beide Seiten des Problems sieht, sieht überhaupt nichts.

Eine Wahrheit ist nicht mehr wahr, wenn sie mehr als einer glaubt.

Wir sind uns niemals so treu wie in den Augenblicken der Inkonsequenz.

Erklären heißt einschränken.

Das Denken ist unmoralisch, sein Wesen ist Zerstörung. Wenn wir an etwas denken, töten wir es sofort.

Wissen wäre Unglück. Reizvoll ist nur die Ungewißheit. Der Nebel macht die Dinge zauberhaft.

Der Geist eines über alles unterrichteten Menschen ist
wie ein Antiquitätenladen, dicht gedrängt voll Unge-
heuerlichkeiten, überzogen mit Staub, und alles ist mit
einem zu hohen Preis angeschrieben.

Spiegel zeigen uns bloß Masken.

Nicht der Sünder, der Dummkopf macht uns
Schande.

Alles wird zum Vergnügen, wenn man es öfter tut.

Nichts scheint so harmlos wie die kleine indiskrete
Bemerkung.

Alle reizvollen Menschen sind verwöhnt; ist das nicht
das Geheimnis ihrer Anziehungskraft?

Schlechtigkeit ist der Mythus, den gute Menschen
erfunden haben, um die seltsame Anziehungskraft
anderer zu erklären.

Ich kann nicht anders, ich muß meine Verwandten
hassen. Vermutlich deshalb, weil wir Leute, die dieselben Fehler haben wie wir, nicht ertragen können.

Gewissen macht aus uns allen Sünder.

Es liegt eine Wollust darin, sich selbst zu schmähen. Wenn wir uns selbst anklagen, haben wir den Schein für uns, daß uns kein anderer mehr anklagen dürfe.

Das Gedächtnis ist ein Tagebuch, das Ereignisse verzeichnet, die sich nie zugetragen, die sich nie zugetragen haben können.

Ein bißchen Aufrichtigkeit ist gefährlich!

Man schätzt den Genuß selbst der schlechtesten Gewohnheiten, vielleicht diesen sogar am stärksten. Sie sind ein so wesentlicher Teil unseres Ichs.

Wenn die Leute vom Wetter reden, kann man sicher sein, daß sie etwas anderes meinen.

Es ist sicherer, von allen Menschen schlecht zu denken, bis man herausgefunden hat, daß sie gut sind. Doch in unserer Zeit erfordert das viele Nachforschungen.

Geistiges auf einen gemeinsamen Nenner zu bringen, ist immer interessant. Aber die Moral zu verallgemeinern, ist Unsinn.

Pflicht ist, was man von den anderen erwartet!

Die Erinnerung an die Freude hat ihre Bitterkeit, die Erinnerung an den Genuß hat ihren Schmerz.

In der Wahl seiner Feinde kann der Mensch nicht vorsichtig genug sein.

Fragen sind nie indiskret, nur die Antworten sind es mitunter.

Auf dem Land kann jeder Mensch gut sein, es gibt dort keine Versuchungen.

In unserem Zeitalter sind nur unnötige Dinge unbedingt nötig.

Die Zeiten leben in der Geschichte durch ihre Anachronismen.

Wahrhaftig, Zivilisation ist nicht so leicht zu erwerben. Es gibt nur zwei Wege, die zu ihr führen. Der eine ist Bildung – der andere Verderbtheit.

Einen ethischen Wert besitzt die Erfahrung nicht, sie ist nur der Name, den wir unseren Irrtümern geben. Sie beweist, daß die Zukunft gleich der Vergangenheit ist.

Erfahrung – das ist der Name, den jeder seinen Dummheiten gibt.

Es gibt nur eine Unannehmlichkeit, die peinlicher ist, als in aller Mund zu sein: nicht in aller Mund zu sein.

Selbstsucht bedeutet nicht, leben wie man es wünscht, sondern von anderen verlangen, daß sie leben, wie man es erwartet.

Welt im Gleichnis

Die Lust des Augenblicks

Des Abends einmal erwachte in seiner Seele der Wunsch, ein Bild zu formen, das Bild der Lust, die nur einen Augenblick währt. Er konnte nur in Bronce sprechen, und so zog er in die Welt, um danach zu suchen.

Aber auf der ganzen Erde war die Bronce verbraucht, nirgendwo konnte er sie finden, außer die einer einzigen Statue: das Leid, das ewig währt.

Und diese Statue war das Werk seiner eigenen Hände. Er hatte sie erdacht, seine Hände hatten sie geformt und hatten sie aufgerichtet über einem Grab. Und in diesem Grab lag das einzige Wesen, das er sein ganzes Leben geliebt hatte. Über dem Grab stand das Bildwerk seiner Kunst, der stumme Zeuge für die Liebe des Menschen, die nicht stirbt, das Zeichen des Schmerzes, der ewig währt. Und nirgends auf der weiten Welt gab es mehr Bronce außer der Bronce dieses Werks.

Und er nahm die Figur, ging zum Schmelzofen und übergab sein Werk dem Feuer.

Und aus der Statue des ewigen Schmerzes formte er die Statue: die Lust des Augenblicks.

Wahrheit und Schönheit

Es war einmal ein junger Schiffer aus Athen, der hörte seine Kameraden auf der Galeere immerzu von der jungfräulichen Göttin erzählen, von der strahlenden Schutzgöttin Athens, von der Kriegsgöttin mit dem kühlen Herzen, die einen goldenen Panzer und eine Lanze trug. Und so oft er an das Land stieg, ging er zu der Göttin, ihr zu huldigen und bei den weißen Füßen ihrer Statue weiße Blumen niederzulegen. In allen seinen Nächten war er im Traum bei ihr, und seine Liebe wurde stärker von Tag zu Tag.

Bis seine Seele voll von dem Wunsch war: ich will ihre Schönheit mit meinen Augen sehen, ich will ihren Körper wie Elfenbein berühren. Ich werde ihren Mund küssen.

Eines Abends also verbarg er sich im Tempel, in den schon die dunklen Schatten fielen, hinter einer starken Säule. Der Priester hatte die Fackeln gelöscht, außer der einen, die ewig auf dem Altar brannte. Laut und schwer hatten sich die Riesentore aus Bronce geschlossen. Und der Jüngling stand allein inmitten all der Finsternis vor der Statue der Göttin.

Der Mond schien und schickte seine silbernen Strahlen durch die Säulengänge, bis er schmeichelnd die

Statue hinaufleuchtete und das Antlitz der Göttin mit seinem blassen Schein erreichte.

Da ragte nun die Göttin vor ihm auf, den Leib in streng gelegte Falten gehüllt und mit dem goldenen Panzer geschützt. Laut schlug das Herz des liebenden Jünglings, er riß das kurze Obergewand ab, löste die Schnallen des Panzers und nahm der Göttin das leinene Untergewand, das die Jungfrauen Athens für sie gestickt hatten.

Er hatte das Geheimnis von Athenes Nacktheit enthüllt. Da drückte er seinen glühenden Körper an ihren kühlen Leib und seine Lippen in einem langen Kuß auf ihren eiskalten Mund. Und die lange Nacht über gab er ihr die Worte der Entzückung, er bedeckte ihre Marmorglieder mit den Küssen der Lust, und seine heißen Hände glitten über ihren glatten Leib...

Unheilkündend verschleierte sich der Mond, der Morgen stieg fahl von Vorwurf auf, und der junge Mann floh wie ein Dieb in den Hafen auf seine Galeere, die ruhig im Hafen vor Anker lag.

In der nächsten Nacht aber kam eine Rieseneule mit schwerem Flügelschlag und mit schwarzblauen Augen aufs Schiff, es war, als käme sie vom mondbeschienenen Tempel der Pallas Athene. Und gellend schrie die Eule über dem Schiff.

Und dann zogen die Wolken eines Unwetters auf, der Mond verhüllte sich, und ein Blitz zuckte grell nieder auf die Wogen des Meeres. Der junge Seemann aber wähnte die geliebte Göttin zu schauen, wie sie

hochaufgerichtet auf den Wellen die Arme nach ihm
streckte. Hier bin ich! schrie laut der Jüngling und
stürzte vom hohen Deck ins Meer. Mit ihrem Unheils-
ruf flog die Eule fort.

So wird sich das Schicksal jedes Sterblichen erfüllen,
der unbedacht das Geheimnis der unsterblichen Wahrheit enthüllt, um es in all seiner Schönheit zu schauen.

Die Macht des Zweifels

Thomas, auf griechisch »Didymos«, das heißt »Zwilling«, hatte mit seinen eigenen Augen die Wunden in
den Händen Jesus' gesehen, die Finger in die blutroten
Vertiefungen der Nagellöcher gelegt und mit der eigenen Hand die schwärende Wunde in der Seite des
Herrn berührt, und seit dieser Stunde war er unter allen
Aposteln der eifrigste. Tag und Nacht war er auf dem
Weg, zu allen und überallhin die Hoffnung seiner
frohen Botschaft zu bringen. Simon Petrus, der ihn so
übervoll des brennenden Eifers und erschöpft von der
Macht seiner Sendung sah, sprach zu ihm:

»Im Namen des Himmels, mein lieber Bruder,
werde vernünftig! Warum verzehrst gerade du dich so
sehr, warum verbrauchst du, mehr als wir andern alle,
deine Kräfte im Übermaß?«

Thomas, der Zwilling, erwiderte:

»Ihr alle, du und mit dir Nathanael und der Bruder
des Zebedäus und die anderen Jünger, ihr glaubt

einfach an Jesus, an den Sohn Gottes. Ich aber, ich muß meine Kraft verdoppeln, wie meine Leiden auch die größeren sind, denn mir kommt vor, als wäre Jesus vielleicht doch in Wahrheit Gottes Sohn.«

So starb Thomas in der Ferne des alten Indien, denn seine Worte wie seine Füße beflügelte nicht der blinde Glaube, sondern die Macht des Zweifels.

Das Gold des Midas

Eines Tages wurde Silen, der Lehrer des Bacchus, von phrygischen Seeleuten gefangengenommen, über das Meer entführt und geradewegs zu Midas, dem König, gebracht. Midas herrschte ihn an: »Du stumpfnasiger alter Glatzkopf nennst dich Lehrer eines Gottes, du mußt also die Geheimnisse des Lebens kennen. Nun heraus damit! Eines sage mir vor allem: was ist das wahre Glück des Menschen?«

Silen hob beschwörend die Arme und gab zur Antwort:

»Laß ab! Was erlaubst du dir, Unglückseliger, nach dem wahren und einzigen Glück des Menschen zu forschen? Aber wisse denn: das einzige Glück des Menschen ist, nicht geboren zu werden. Ist er aber geboren, so ist es sein größtes Glück, so schnell wie möglich zu sterben.«

Vor Zorn und Enttäuschung über diese Antwort befahl Midas, den frechen Silen unverzüglich umzubringen. Doch da erschien Bacchus auf seinem Schiff, um seinen alten Lehrer zu retten. Er sprach zum König:

»Höre, König! Ich will dir jeden Wunsch erfüllen, wenn du diesen Alten leben läßt.«

»Der Alte ist frei, gnädiger Gott«, rief Midas, »du aber schenke mir die Macht, alles, was meine Hände berühren, in Gold zu verwandeln!«

»So sei es«, versprach der Gott und verschwand mit Silen, der in seinen Bart flüsterte:

»Möge dich, König, dieser Wunsch nie gereuen!« Midas aber verfiel in ein Entzücken ohne Ende. Wohin er seine Hände legte, leuchtete Gold, Gewänder aus Gold, der Palast aus Gold, die Bäume und Blumen, alles wurde golden. Er selbst wurde wie eine Statue aus Gold. Aber als er seine Mahlzeit einnehmen wollte, da wurde auch jedes Stück Brot und alles, was er zum Munde führte, zu Gold. Es war ein Wunder, und nach einigen Tagen war er der reichste Mann der Welt. Über und über vergoldet lag er selbst auf goldenem Bett, vom Hungertod bedrängt. In dieser höchsten Not sandte man in aller Eile einen Boten zum Gott Bacchus, um den überreichen Segen von Midas wieder abzuwenden.

Da erschien abermals Bacchus, und Silen war mit ihm. Midas flehte inständig:

»Sag mir, was ich zu tun habe, um wieder ein Mensch wie alle anderen zu werden?«

Bacchus nahm den Zauber vom König und sprach:

»Geh hin zum Paktolus, bade in seinem Wasser, wasch das Elend ab, das dich befleckt, dieses Elend, reich zu sein. Der Fluß wird alles Gold wie Flitter davontragen.«

Der goldene König lief in großen Sprüngen zum Fluß, und lachend rief ihm der dicke Silen nach:

»Du erhabener König, das ist nun eine von den Weisheiten, die du von mir erbeten hast: das Glück schlägt immer den, der es besitzt!«

Traum und Wirklichkeit

Der Dichter lebte auf dem Lande, zwischen den Feldern und dem Wald. Und am Morgen jedes neuen Tages wanderte er in die große Stadt, die jenseits der Hügel in blauen Dunst gebettet lag.

Aber am Abend kehrte er wieder in sein Dorf zurück. Dann kamen die Kinder, und alle Männer und Frauen umringten ihn, denn im Schein der untergehenden Sonne erzählte er ihnen, was er tagsüber erlebt hatte. Es waren wundersame Dinge, die ihm begegnet waren im großen Wald, am Seeufer und auf den Hügeln. Im Wald waren die kleinen braunen Faune zwischen den grünen Blättern ganz nahe zu ihm gekommen, um ihn zu betrachten. Aus dem See waren die Wasserjungfrauen getaucht, sie hatten grüne Zöpfe, aus Algen geflochten, und nur für ihn allein spielten sie ihre Weisen auf den Harfen aus Schildpatt. Und über den Kamm eines Hügels war ein gewaltiger Kentaur laut auflachend und den Staub in die Luft wirbelnd wild einhergesprengt.

Denn der Dichter war mit der Gabe ausgestattet, den Kleinen und Großen in seinem Dorf die wundersamsten Märchen zu erzählen, die schönsten Ereignisse auszumalen, er war voll von Träumen und Gesichten.

Doch es geschah ihm eines Abends, als er von der großen Stadt heimkehrte, daß er im Wald zwischen dem Buschwerk tatsächlich kleine braune Faune nach ihm spähen sah. Und aus dem kristallenen Seewasser stiegen tatsächlich die Nixen mit algengrünen Flechten und sangen ihre Lieder nur für ihn auf Harfen von Schildpatt. Auf einem Hügel traf er diesmal wirklich einen Kentaur, der sah lachend zu ihm herüber und sprengte in einer Staubwolke davon.

Als er an diesem Abend im Dorf ankam, und sich alle die Kinder, Männer und Frauen wie gewöhnlich um ihn geschart hatten, um zu hören, wie es ihm tagsüber ergangen war, da sprach der Dichter: »Heute habe ich nichts erlebt, ich weiß nicht, was ich euch erzählen soll.«

Und doch hatte er gerade heute wirklich gesehen, was er bisher nur geträumt hatte. Aber für einen Dichter ist der Traum die einzige, die echte Wirklichkeit, und die Wirklichkeit der anderen ist ihm ein Nichts.

Quellennachweis

17 dg, ag, dg, vl, dg
18 dg, dg, dg, dg, dg, dg, rs
19 l
20 p, ig
21 p, p
22 ss, ss, ss, ss, ss
23 kk, dg, ls, ls, kk, ss, ss
25 dg, dg, dg, dg, vl, wm
26 ig, p, ss, kk, fb, ss, ss
27 kk, ss, kk, kk, ss
28 ss, ss, ss, dg, ss, p, ss
29 b
30 dg, kk, dg, dg
31 kk, sg, dg, c, dg, dg, dg
32 kk, vl, b, kk, vl
33 dg, p, kk, kk, dg, vl, p
35 vl, kk, vl
36 vl, kk, dg, ss, vl
37 kk, vl, vl, vl
38 vl, vl, vl, wm
39 vl, vl, vl, dg
40 vl, vl, r, ig, vl, dg, dg, kk
41 vl, dg, dg, dg, kk, kk, vl
42 dg, kk, kk, dg
43 ss, kk, m, dg, kk, dg
44 dg, sg, ig, dg, ig, ss
45 ss, fb, fb, kk, ag
46 dg, ss, ss, ss
47 ss, kk, kk, kk, dg, fb, kk, kk

48 kk, kk, dg, kk, dg, dg, dg, kk
49 dg, kk, fb, wm, kk, dg, dg
50 wm, kk, wm, kk
51 sg, kk, kk, kk, dg, ss
52 sg, ls, ss
53 kk, kk, vl, kk, ss
54 kk
55 kk, kk, kk, kk
56 kk, kk, kk
57 kk, kk
58 kk, kk
59 kk, kk, kk, kk, kk
60 kk, kk, dg, kk, kk
61 kk, dg, kk
62 kk, kk, dg, kk
63 fb, dg, ig, dg, ft, fb, fb, sv
64 lw, dg, dg, dg, dg, fb, dg, dg
65 b, fb, lw, dg, dg, dg, dg
66 r, dg, p, b, b, kk, dg
67 dg, p, f, p, ig, ig, s
68 kk, p, fb, ig, dg, fb
69 dg, dg, b, ig, ig, fb, fb, lw, ig
70 dg, ig, dg, sv, lw, ig, dg, dg
71 fb, dg, dg, dg, ig, fb, fb, fb
72 dg, fb, fb, fb, ig, lw, dg
73 lw, lw, lw, lw, lw, lw
74 kk, dg, dg, dg, fb, b, fb
75 fb, fb, fb, fb, dg, dg, dg, dg
76 fb, ig, fb

77 ss, dg
78 ss, ss, ig, kk, kk, ss, ss
79 kk, ss, ss, kk, dg, wm, ss
80 ss, ls, ss, ss, ss
81 ss, ss, kk, b
82 ss, ss, ss, vl, dg
83 ss, vl
84 kk, kk
85 kk, kk, dg, fb, dg
86 kk
87 dg, dg, fb, dg, dg, dg, dg, dg
88 b, dg, fb, dg, ig, dg, dg, dg
89 kk, ls, p, lw, lw, ss, dg, dg, dg, lw
90 lw, dg, dg, fb, lw, ig, ls, dg, lw
91 dg, dg, dg, p, p, vl, lw
92 rs, ls, dg, lg, kk, b, b, fb
93 dg, dg, kk, fb, p, r, kk, lw

94 dg, dg, fb, dg, lw, dg, ig
95 dg, ss, b, st, dg, dg, kk, dg
96 fb, v, b, dg, vl, vl, kk
97 kk, lw, dg, dg, r, ig, dg, fb
98 dg, ss, dg, kk, lw, ig, vl, dg
99 ls, dg, kk, dg, dg, ls, lw, dg, fb
100 lw, dg, dg, kk, ls, kk, kk, fb
101 dg, dg, s, kk, dg, dg, wh, ls, dg
102 dg, dg, b, kk, dg, b, fb, fb, fb
103 dg, dg, ls, dg, dg, kk, dg, dg, lw
104 dg, ss
105 gp
112 gp

Erklärung der Abkürzungen:

ag = Aufgezeichnet in André Gide »Tagebücher«; b = Bunbury; c = Credo; dg = Das Bildnis des Dorian Gray; f = Der junge Fischer und seine Seele; fb = Eine Frau ohne Bedeutung; ft = Eine florentinische Tragödie; gp = Gedichte in Prosa; ig = Ein idealer Gatte; kk = Der Kritiker als Künstler; l = Der Lehrer der Weisheit; ls = Lehren und Sprüche für die reifere Jugend; lw = Lady Windermeres Fächer; m = Der Modellmillionär; p = De Profundis; r = Die vornehme Rakete; rs = Gespräche mit Robert H. Sherard; s = Salome; sg = Stift, Gift, Schrifttum; ss = Die Seele des Menschen und der Sozialismus; sv = Lord Salviles Verbrechen; st = Das Sternenkind; v = Vera oder Die Nihilisten; vl = Der Verfall der Lüge; wh = Das Bildnis des Herrn W. H.; wm = Die Wahrheit der Masken.

Inhalt

Oscar Wilde
im Diogenes Verlag

Das Bildnis des Dorian Gray

Roman. Aus dem Englischen von W. Fred und Anna von Planta

»Lord Henry Wotton, dieser geistreich-zynische Dandy, ist es, der den zu Beginn der Handlung etwa zwanzigjährigen, unverdorbenen und faszinierend schönen Dorian Gray zum Hedonismus, zum rücksichtslosen Ausleben seiner Jugend verführt. Damit weckt er in ihm das Verlangen, ewig jung und schön zu bleiben, um alle Sinnenfreuden auskosten zu können. Der mit der Intensität eines Gebetes ausgesprochene Wunsch Dorian Grays, statt seiner möge das Bildnis, das Basil Hallward von ihm gemalt hat, altern – ein Wunsch, für dessen Erfüllung er seine Seele zu geben bereit ist –, wird ihm gewährt.« *Jörg Drews*

»Worin Dorian Grays Sünde bestand, sagt niemand und weiß auch niemand. Jeder, der sie erkennt, hat sie begangen… Der Mensch kann das göttliche Herz nicht erreichen, es sei denn durch das Gefühl der Trennung und des Verlustes, das man Sünde nennt.« *James Joyce*

De profundis
Epistola: in carcere et vinculis
sowie
Die Ballade vom Zuchthaus zu Reading

Mit einem Nachwort von Gisela Hesse und
einem Essay von Jorge Luis Borges

1895 wurde Wilde vom Polizeigericht in London wegen homosexueller Beziehungen angeklagt, schuldig gesprochen und zu zwei Jahren Freiheitsentzug mit Zwangsarbeit im Zuchthaus zu Reading verurteilt.

»Dieses letzte Prosawerk Wildes, das neben der gleichfalls 1897 entstandenen *Ballade vom Zuchthaus zu*

Reading zu den bedeutendsten literarischen Äußerungen des Autors und den packendsten Dokumenten menschlichen Leidens und menschlicher Selbstüberwindung gehört, entstand während Wildes Gefängnishaft.« *Kindlers Neues Literatur Lexikon*

»Der Name Oscar Wildes wird durch *De profundis* zu einem ›Zaubermittel‹ und phantastischen Leuchtfeuer, bei welchem die ›Erniedrigten und Beleidigten‹ Zuflucht finden und neue Hoffnungen schöpfen können.« *John Cowper Powys*

»Nachdem ich im Laufe der Jahre Wilde gelesen und wiedergelesen habe, bin ich auf eine Tatsache aufmerksam geworden, die seine Lobredner, so scheint es, nicht einmal geahnt haben: die nachprüfbare Tatsache nämlich, dass er fast immer recht hat.« *Jorge Luis Borges*

Der Sozialismus und die Seele des Menschen
Ein Essay. Deutsch von Gustav Landauer und Hedwig Lachmann

Dieser Essay Wildes ist das ungewöhnliche Plädoyer für einen Sozialismus, der die Beschäftigung mit ›dem Schönen‹ nicht ausschließen soll. Wildes soziale Utopie entwirft gesellschaftliche Bedingungen, die es jedem erlauben sollen, ein individualistisch geprägtes, ja egoistisches Leben zu führen – der Künstler verkörpert dabei den freien Menschen par excellence.

»Man wird nun, wo dieser verschollene Essay wieder ans Licht kommt, verstehen, *warum* die Gesellschaft diesen genialen Mann, der einst ihr verhätschelter Liebling war, so infam ins Elend stieß. Die Rache der Sklaven ist schrecklich, die Rancune der Herren aber unsäglich.« *Gustav Landauer*

»Eine Weltkarte, in der das Land Utopia nicht verzeichnet ist, verdient keinen Blick, denn sie lässt die eine Küste aus, wo die Menschheit ewig landen wird.« *Oscar Wilde*

Denken mit Oscar Wilde

Extravagante Gedanken über die Magie der Schönheit
und die allmächtige Kunst, Kritik als Schöpfung,
das dekorative Geschlecht und
die menschliche Tragikomödie
Herausgegeben und mit einem Vorwort von
Wolfgang Kraus

Als der junge Oscar Wilde mit seinem ersten, von der Kritik nicht sonderlich wohlwollend aufgenommenen Gedichtbändchen in der Tasche zum ersten Mal nach Amerika einreiste, antwortete er auf die Frage, ob er etwas zu verzollen habe: »Nur mein Genie, weiter nichts.« Oscar Wilde war ein fleischgewordenes Bonmot, er schockierte und entzückte seine Zeitgenossen durch Paradoxien, die oft nichts anderes waren als verfrühte Wahrheiten der Zukunft und die für uns heute weitaus näher und ernster sind als für die Gesellschaft, die sie belachte. Wolfgang Kraus hat aus Oscar Wildes Werk die besten, verblüffendsten Aphorismen – und deren gibt es viele – herausgesiebt. Das Ergebnis ist ein Brevier für den Dandy, für den Wilde-Liebhaber, für jeden, der extravagant denkt.

»Ein Feuerwerk von Geist, Witz, Bosheit und Sarkasmus vor dem Hintergrund tiefer Lebenskenntnis. Heute treffender denn je.« *Wolfgang Kraus*

H.D. Thoreau
im Diogenes Verlag

Über die Pflicht
zum Ungehorsam gegen den Staat
Civil Disobedience

Ein Essay
Zweisprachige Ausgabe
Aus dem Amerikanischen von Walter E. Richartz
Mit einem Nachwort von Manfred Allié
Mit Anmerkungen und einer Zeittafel

Eines jener Bücher, die die Welt verändern: Thoreaus Essay *Über die Pflicht zum Ungehorsam gegen den Staat*, den er 1849 aus Protest gegen die amerikanische Eroberungs- und Sklavenpolitik veröffentlichte. Nicht so sehr ein Pamphlet als schlicht große Poesie.

»Der Essay stellt die beunruhigendste aller Existenzfragen: Wie sollen wir leben in einer Gesellschaft, die das Menschsein immer schwieriger macht?«
Howard Zinn

»Seine Ideen beeinflussten mich stark.«
Mahatma Gandhi

Auch als Diogenes Hörbuch erschienen,
gelesen von Helmut Qualtinger

Walden oder Leben in den Wäldern

Deutsch von Emma Emmerich
und Tatjana Fischer
Mit einem Vorwort von Walter E. Richartz,
Anmerkungen, Sach- und Namenregister
sowie einer Zeittafel

Wie soll und will ich leben? – Thoreau sucht eine Antwort auf diese Frage und zieht sich für zwei Jahre in eine selbstgebaute Blockhütte auf dem Waldstück seines Freundes Ralph Waldo Emerson am Waldensee zurück. *Walden oder Leben in den Wäldern* ist das Buch dieses Experiments. Thoreau zeigt darin, dass der

Weg zu sich selbst bei den einfachen Dingen und einer gelasseneren Gangart beginnt. Kunstvoller Essay und erzählende Prosa in einem, von einer sprachlichen Unmittelbarkeit wie das Tagebuch, aus dem es entstand, ist *Walden* eine höchst vergnügliche Lektüre und ein veritables Handbuch des Glücks.

»*Walden oder Leben in den Wäldern*, eines der einflussreichsten Bücher des 19. Jahrhunderts, vermittelt auch heute noch, wie das ist, so nahe am Busen der Natur zu leben, ihren Stimmen zu lauschen, sich den Rhythmen und Zyklen hinzugeben.«
Focus, München

»Ein Buch, das nicht die Einsiedelei in einem Blockhaus schmackhaft machen will, sondern den Mut stärken, Experimente zu wagen.«
Christian Seiler / Die Weltwoche, Zürich

»Die amerikanische Literatur, so kühn und großartig sie ist, hat kein schöneres und tieferes Buch aufzuweisen als *Walden*.«   *Hermann Hesse*

»Ein Kultbuch.«
Rainer Hoffmann / Neue Zürcher Zeitung

Auszüge aus *Walden* auch als
Diogenes Hörbuch erschienen:
Wo und wofür ich lebte,
gelesen von Burghart Klaußner

Vom Spazieren
Essay
Deutsch von Dirk van Gunsteren

*»Ich möchte zugunsten der Natur sprechen,
zugunsten absoluter Freiheit und Wildheit...«*

Der Streifzug durch die Natur als Lebensmodell: Für Thoreau stellt das tägliche Unterwegssein in der Natur eine Notwendigkeit dar, real wie auch übertragen –

Spazieren durch die wilde Natur als Versuch, auch in sich zum Lebendigsten vorzudringen.

»Es war ein Vergnügen und ein Privileg, mit ihm zu spazieren. Er kannte das Land wie ein Fuchs oder ein Vogel. Man musste sich seiner Führung blind anvertrauen – und wurde dafür großartig belohnt.«
Ralph Waldo Emerson

»Thoreau ging in den Wald, um ›die schwierige Kunst des Lebens zu üben‹, und davon gibt er in kunstvollen Essays Rechenschaft.«
Hanns W. Eppelsheimer / Handbuch der Weltliteratur

Denken mit Henry David Thoreau

Von Natur und Zivilisation,
Einsamkeit und Freundschaft,
Wissenschaft und Politik
Ausgewählt, übersetzt und mit einem Vorwort
von Philipp Wolff-Windegg

Während *Walden* und der berühmte Essay *Über die Pflicht zum Ungehorsam gegen den Staat* auf deutsch vorliegen, sind die übrigen Essays und die Tagebücher hierzulande nahezu unbekannt. Thoreau hat Tausende Seiten an Tagebucheinträgen hinterlassen, in denen er botanische, zoologische und meteorologische Beobachtungen notierte, archäologische Funde und was ihm sonst bei seinen Streifzügen durch die Natur auf- und einfallen mochte. Neben weit ausgreifenden Reflexionen von verblüffender Originalität finden sich Aperçus, neben gesellschaftskritischen Betrachtungen liebevoll detaillierte Beschreibungen. Diese Auswahl vermittelt einen lebendigen Eindruck von einer der eigenwilligsten Gestalten der amerikanischen Literatur.

»Thoreau ist ein so brillanter Stilist, dass wir das Gefühl haben, dass uns ein Geist voranfliegt, funkenschlagend, gleißend, leuchtend und scheinbar so mühelos wie ein dahingaukelnder Schmetterling.«
Joyce Carol Oates

Das James Joyce Lesebuch

Erzählungen aus ›Dubliner‹
und Erzählstücke aus den Romanen
Aus dem Englischen von Dieter E. Zimmer,
Klaus Reichert und Hans Wollschläger
Mit Aufzeichnungen von Georges Borach
und einer Betrachtung von Fritz Senn

Lesebuch und Auswahl aus der Prosa des frühen und mittleren Joyce zum Ausprobieren und Angewöhnen für Anfänger und Fortschreitende, für Neugierige, Besessene und alle, die sich bisher noch nicht getraut haben.

Dieser Querschnitt – in den renommierten Neuübersetzungen der Frankfurter Ausgabe von Dieter E. Zimmer, Klaus Reichert und Hans Wollschläger – bringt ›Eine kleine Wolke‹, ›Entsprechungen‹, ›Gnade‹ (drei Kurzgeschichten) und die schönste Novelle der englischen Sprache, ›Die Toten‹ aus *Dubliners* – zwei selbständige Abschnitte und Höhepunkte aus dem Entwicklungsroman *Ein Porträt des Künstlers als junger Mann* – ein vollständiges Kapitel (›Hades‹) aus dem *Ulysses* sowie als Dreingabe Aufzeichnungen von Gesprächen mit Joyce aus dem Zürcher Jahr 1917 von Georges Borach, ein buchstabengetreues Joyce-Porträt von Paul Flora und abgeklärte Betrachtungen von Fritz Senn.

»Es gibt Zeiten, wo ich mir wünsche, eine Russin zu sein, damit ich Čechov lesen könnte; aber ich bin um so froher, eine Irin zu sein, denn so kann ich Joyce lesen und verstehen.« *Edna O'Brien*

»Eine Nebenfigur im *Ulysses* sagt: ›Nach Gott hat Shakespeare am meisten geschaffen.‹ Joyce-Kenner haben hinzugefügt: ›Nach Shakespeare hat Joyce am meisten geschaffen.‹ So ist es.«
Wolfgang Hildesheimer

F. Scott Fitzgerald
im Diogenes Verlag

Er war Ernest Hemingways Vorbild. Dashiell Hammett, Raymond Chandler, Gertrude Stein und T.S. Eliot lasen ihn mit Begeisterung. Und heute ist er der Lieblingsautor so unterschiedlicher Persönlichkeiten wie Doris Dörrie, Joey Goebel und Haruki Murakami.

»Die Texte Fitzgeralds überzeugen heute vielleicht noch mehr als zu seinen Lebzeiten, da sie nicht mehr als Zeit- und Narrenspiegel, sondern als großartige Literatur gelesen werden können.«
General-Anzeiger, Bonn

»F. Scott Fitzgerald ist ein Schriftsteller, wie er uns heute fehlt. Man kann ihn wieder und wieder lesen.«
Frankfurter Allgemeine Zeitung

»Engel sind die eleganteren Menschen. Aber wer hoch steigt, wird tief fallen. Niemand zeigte beides so schön wie F. Scott Fitzgerald.« *Frankfurter Rundschau*

»F. Scott Fitzgerald war der Größte unter uns allen.«
Ernest Hemingway

Diesseits vom Paradies
Roman. Aus dem Amerikanischen von Bettina Blumenberg und Martina Tichy. Mit einem Nachwort von Manfred Papst
Auch als Diogenes Hörbuch erschienen, gelesen von Burghart Klaußner

*Die Schönen
und Verdammten*
Roman. Deutsch von Hans-Christian Oeser. Mit einem Nachwort von Manfred Papst
Auch als Diogenes Hörbuch erschienen, gelesen von Gert Heidenreich

Der große Gatsby
Roman. Deutsch von Bettina Abarbanell. Mit einem Nachwort von Paul Ingendaay

Auch als Diogenes Hörbuch erschienen, gelesen von Gert Heidenreich

Zärtlich ist die Nacht
Roman. Deutsch von Renate Orth-Guttmann. Mit einem Nachwort von Heinrich Detering
Auch als Diogenes Hörbuch erschienen, gelesen von Burghart Klaußner

*Die Liebe des
letzten Tycoon*
Roman. Deutsch von Renate Orth-Guttmann. Mit einem Nachwort von Verena Lueken
Auch als Diogenes Hörbuch erschienen, gelesen von Anna Thalbach

Denken mit...
im Diogenes Verlag

>»Alles Gescheite ist schon gedacht worden, man
muß nur versuchen, es noch einmal zu denken.«
Johann Wolfgang Goethe

Denken mit Federico Fellini
Aus Gesprächen Federico Fellinis mit Journalisten, ausgewählt von Daniel Keel. Mit Zeichnungen von Federico Fellini

Denken mit Mahatma Gandhi
Auswahl aus den Schriften. Ausgewählt und mit einem Vorwort von Gertrude und Thomas Sartory. Aus dem Englischen von Fritz Kraus und Emil Roniger

Denken mit Immanuel Kant
Eine Einführung in die Gedankenwelt des Vaters der modernen Philosophie von Wolfgang Kraus. Mit einem Essay von Otto A. Böhmer

Denken mit Ludwig Marcuse
Über Aufklärung und Abstumpfung, Einsamkeit und Engagement, Macht und Massenkultur, Vergänglichkeit und Vernunft

Denken mit
W. Somerset Maugham
Herausgegeben von Thomas und Simone Stölzel. Mit einem Vorwort von Thomas Stölzel und einem Nachwort von Simone Stölzel

Denken mit George Orwell
Ein Wegweiser in die Zukunft. Ausgewählt von Fritz Senn und Christian Strich. Aus dem Englischen von Felix Gasbarra und Tina Richter

Denken mit Arthur Schopenhauer
Vom Lauf der Zeit, dem wahren Wesen der Dinge, dem Pessimismus, dem Tod und der Lebenskunst. Herausgegeben und mit einem Nachwort von Otto A. Böhmer

Denken mit
Henry David Thoreau
Von Natur und Zivilisation, Einsamkeit und Freundschaft, Wissenschaft und Politik. Ausgewählt, aus dem Amerikanischen übersetzt und mit einem Vorwort von Philipp Wolff-Windegg

Denken mit Voltaire
Eine Auswahl aus dem Gesamtwerk. Herausgegeben von Wolfgang Kraus

Denken mit Oscar Wilde
Extravagante Gedanken über die Magie der Schönheit und die allmächtige Kunst, Kritik als Schöpfung, das dekorative Geschlecht und die menschliche Tragikomödie. Herausgegeben und mit einem Vorwort von Wolfgang Kraus